Vincenzo Righini
Hofkapellmeister zu Mainz
Ein talentierter Maulwurf?

Jürgen Dehl

Fuchstanz Verlag

EDITION NOTENSCHLÜSSEL
FUCHSTANZ VERLAG
Band 1

Die Deutsche Bibliothek - CIP Einheitsaufnahme

Dehl, Jürgen
Vincenzo Righini - Hofkapellmeister zu Mainz:
Ein talentierter Maulwurf? / Jürgen Dehl: - Kelkheim:
Fuchstanz Verlag, 2002
(Edition Notenschlüssel; Band 1)

ISBN 3-936585-00-8

Copyright © 2002 Fuchstanz Verlag, Kelkheim
Druck: Digitaldruck AG, Frensdorf (Bayern)

Einstimmung

In seltsamer Weise entstand dieses Büchlein, der erste Versuch einer allgemeinverständlichen Biographie - wohl eher eine biographische Skizze - über Vincenzo Righini. Sie steht in engem Zusammenhang mit einer Wiederaufführung von Righinis Missa solemnis d-Moll. Auslöser war ein Gespräch mit Eveline Peters vom Kulturamt der Stadt Hofheim. Hofheim bereitete sich für das Jubiläum *650 Jahre Stadt- und Marktrechte* vor. Dabei fiel die unvorsichtige Bemerkung, man müsse doch nachschauen, ob nicht Musik vorhanden ist, die mit der Gegend etwas zu tun hat. Denn, um es mit Goethe zu sagen, *um zu begreifen, dass der Himmel überall blau ist, braucht man nicht um die Welt zu reisen.*

Hofheim war kurmainzische Amtsstadt und die Hofheimer somit kurmainzische Untertanen. Suchen ergab, dass die Musikgeschichte des einst wichtigsten Kleinstaates im Heiligen Römischen Reich Deutscher Nation kaum erkundet ist. Es taten sich Musikernamen auf wie Antonio Bioni (1698 - 1738?), Jan Zach (1699 - 1773), Georg Anton Kreußer (1746 - 1810), Franz Xaver Sterkel (1750 - 1817) und eben Vincenzo Righini (1756 - 1812) aus Bologna. Allesamt Tonsetzer von beachtlichem Können. Bei Righini reizte, dass er 1790 für die Krönung von Joseph II. zum Deutschen Kaiser eine Messe komponierte. Weiteres Suchen brachte eine Leipziger Handschrift, entstanden um 1810/1815, ans Tageslicht. Es stellte sich heraus, dass die Messe bis um 1850 häufig gegeben wurde und in den unterschiedlichsten Institutionen handgeschriebene Kopien existieren. Der Dirigent Hans-Georg Dechange hatte offene Ohren für den Vorschlag, die Messe aufzuführen. Mit der großen Erfahrung des vorzüglichen Praktikers ausgestattet, beteiligte er sich an der zermürbenden Arbeit, aus der Handschrift eine Partitur samt Aufführungsmaterial zu erstellen. Währenddessen fanden sich Archivalien und einige wenige Untersuchungen - allen voran die Arbeiten von Monsignore Adam Bernhard Gottron (1889 - 1971).

Da der Komponist Vincenzo Righini unbekannt ist, wuchs der Gedanke, nicht nur eines seiner Werke, sondern auch sein Leben, soweit es möglich ist, vorzustellen. Dazu sei gesagt, dass viele Dokumente, schon während der Kriege um die Wende vom 18. zum 19. Jahrhundert, verloren gingen. Doch die Mühe des Suchens lohnte und das ist Anlass, sich weiter mit der kurmainzischen Musikgeschichte zu befassen. Gottron stellte treffend fest: *„Gewiss, Mainz hat keinen Palestrina, keinen Orlando Lasso, keinen Johann Sebastian Bach, keinen der ganz Großen der Musikgeschichte der Welt geschenkt. Aber bei eindringenderen Studien bewahrheitete sich auch an der Mainzer Musikgeschichte der Satz Kretschmars, daß unsere großen Meister der Musik nicht von Zwergen, sondern hoch gewachsenen Genossen umgeben waren."*

Jürgen Dehl
April 2002

Vincenzo Righini
(1756 - 1812)

Es gibt nur wenige Abbildungen von Righini und diese gehen anscheinend alle auf ein einziges Porträt zurück. Der Kupferstich nach F. W. Bollinger wurde noch 1902 für eine Mark im Katalog von Breitkopf & Härtel mitgeschleppt.

*Straße in Bologna.
Kupferstich, Anfang
19. Jahrhundert.*

SÄNGERKNABE, TENOR, KOMPONIST

Gelehrsamkeit, Glanz und Reichtum machten Bologna berühmt. Schon Mitte des 12. Jahrhunderts gab es hier eine Universität. Nur Paris konnte mithalten. Studenten und Gelehrte verbreiteten den Ruf Bolognas in der Welt. Das lockte Künstler und

Kaufleute, armes Gesindel und reiche Herrschaften in die Stadt. Alle hinterließen Spuren. Zur italienischen Kavalierstour eines jungen Herren von Stande gehörte ein Besuch Bolognas. Wobei es selbstverständlich nur um die Schokoladenseiten ging. Der berühmteste aller Italienreisende, Johann Wolfgang von Goethe, folgte ziemlich genau und wenig originell der üblichen Route. Seine ersten Eindrücke von Bologna notierte er am 18. Oktober 1786: *„Ein flinker und wohlunterrichteter Lohnbediente, sobald er vernahm, dass ich nicht lange zu verweilen gedächte, jagte mich durch alle Straßen, durch so viel Paläste und Kirchen, dass ich kaum in meinem Volkmann anzeichnen konnte, wo ich gewesen war… Gegen Abend rettete ich mich endlich aus dieser alten, ehrwürdigen, gelehrten Stadt, aus der Volksmenge, die in den gewölbten Lauben, welche man fast durch alle Straßen verbreitet sieht, geschützt vor Sonne und Witterung, hin und her wandln, gaffen, kaufen und ihre Geschäfte treiben kann…"* Goethe ist von den gesehenen Gemälden begeistert und bedauert: *„Hätte doch das Glück Albrecht Dürer tiefer nach Italien geführt."* Des Dichters festlich gestimmte Seele erhielt am nächsten Tag einen merklichen Dämpfer: *„Der heilige Proclus, eine schöne Figur; aber dann die anderen Bischöfe und Pfaffen! Unten sind himmlische Kinder, die mit Attributen spielen. Der Maler, dem das Messer an der Kehle saß, suchte sich zu helfen, wie er konnte, er mühte sich ab, nur um zu zeigen, dass nicht er der Barbar sei."* Der nicht dünkelfreie deutsche Reisende war unversehens in die Gegend ärmerer Leute geraten. In die *Kirche der Mendicanti,* der Bettler. Eine Kirche mit ärmerer und bescheidenerer Kunst. Goethe ist im Pfarrbezirk San Procolo, wo Vincenzo Righini am 22. Januar 1756 geboren wurde, wie der Eintrag im Kirchenbuch ausweist. Die Familie Righini wohnte im *Borgo di Tovaglie* (Viertel der Tuchmacher), was ein anderer Vermerk verrät. Dort steht auch, dass Vincenzo zwei Geschwister hatte: *Gertrude, anni 7; Giuseppe, anni 3; Vincenzo, anni 1.* Der Vater hieß Giovanni Antonio, die Mutter Margherita und war eine geborene Pregni. Grund der Notiz: Die Familie zog um; sie verließ den Pfarrbezirk. Es heißt, die Righinis seien seit der Fastenzeit 1754 hier ansässig gewesen und während der Fastenzeit 1757 verzogen. *Borgo di Tovaglie* bestätigt die Behauptung des Nachrufs aus dem Jahre 1812 in der *Allgemeine Musikalische Zeitung.* Die Familie sei *anständig, aber zur Armut herabgekommen*, ließ der anonyme Verfasser veröffentlichen.

Noch heute spricht Bologneser Überlieferung für bescheidenere Verhältnisse in diesem Wohnviertel, das im modernen Stadtplan durch Straßennamen noch immer kenntlich ist. In der Nähe hatten die Steinehauer (Tagliapetri) und die Köhler (Carbonesi) ihre Quartiere.

Wie und von wem Vincenzo Lesen, Schreiben und Französisch - diese Sprache war Voraussetzung für höfische Karriere - lernte, ist unbekannt. Im *Biographischen Lexikon des Kaisertums Österreich (1874)* schreibt Constantin von Wurzbach, Vincenzo sei Sängerknabe in der Basilica San Petronio gewesen. Ein anderes, altes Nachschlagebuch ergänzt, Vincenzo hätte noch während der Mutation gesungen und sich dabei überanstrengt. Righinis Stimme habe, er strebte eine Karriere als Tenor an, deswegen heißer und rauh geklungen. Das ist nicht pure Fantasie. *Im Tagebuch einer musikalischen Reise 1770 - 1772* berichtet der englische Musikreisende Charles Burney: *„Auf Anraten des P. Martini blieb ich zwei Tage länger, als ich willens war, zu Bologna, um bei einem Wettstreite derjenigen Komponisten in dieser Stadt gegenwärtig zu sein, die Mitglieder der im Jahre 1666 gestifteten Philharmonischen Gesellschaft sind. Die jährliche öffentliche Probemusik des Morgens und Abends ist den 13ten August in der Kirche St. Giovanni in Monte…"* Neue Sakralkompositionen wurden, unter Leitung ihrer Komponisten - mit eigenen Ensembles - aufgeführt. Auch von San Petronio nahm ein Kandidat teil: *„Sgr. Zanotti ist ein Schüler des Pater Martini und einer von den Maestri di Capella der St.-Petronius-Kirche."* Sehr wohlwollend spricht Burney von Giovanni Calisto Zanottis *Dixit* hingegen mäkelt er am Gesang: *„Kurz, ich habe selten in meinem Leben größeres Vergnügen von einer Musik empfunden, als diese mir verschaffte; und doch wurden die Singstimmen nicht außerordentlich ausgeführt, weil itzt in Bologna keine großen Sänger waren. Inzwischen waren ihrer ein paar ganz gute, vornehmlich ein Altist, Sgr. Cicognani, der in ernsthaften Opern einen guten zweiten Sänger abgeben würde, und Diskantist, Casoli, ein Knabe von etwa dreizehn oder vierzehn Jahren, mit einer angenehmen, aber schwa-*

chen Stimme, der viel Geschmack und Ausdruck hatte." Burneys Notizen legen nahe, dass mit den empfindlichen Knabenstimmen nicht sonderlich sorgfältig umgegangen wurde. Jeder heutige Gesangspädagoge wird bestätigen, dass Raubbau an einer mutierenden Stimme bleibende Schäden verursachen kann. Schäden, die eine Stimme für Kunstgesang völlig untauglich machen. In allen gegenwärtigen Nachschlagewerken - *Metzlers Komponistenlexikon* mit einem Beitrag von Konrad-Jürgen Kleinicke ausgenommen - wird nachgebetet, was der Lexikograph und Organist Ernst Ludwig Gerber (1746 - 1819) in seinem *Neuen historisch-biographischen Lexikon der Tonkünstler (1812- 14)* festhielt. Er schrieb, Righini sei Schüler des berühmten Altkastraten Antonio Maria Bernacchi gewesen. Der Sänger, 1685 in Bologna geboren, nahm nach triumphaler Karriere 1735 Abschied von der Bühne. Er ließ sich in seiner Heimatstadt nieder und gab von 1736 an Gesangsunterricht. Bernacchi starb am 13. März 1756 in Bologna. Erinnern wir uns an das Geburtsdatum Righinis und stellen fest, dass glücklicherweise auch in Italien Säuglinge ohne Gesangsunterricht lautstark ihre Bedürfnisse anmelden.

Weil eine sängerische Laufbahn mit ruinierten Stimmbändern eine ziemlich zweifelhafte Angelegenheit ist, habe Vincenzo Righini sich dem Studium der Theorie zugewandt *und darin den Unterricht des Pater Martini* erhalten. Der bereits bei Charles Burney erwähnte, in vielen Bereichen bewanderte Padre Giovanni Battista [auch Gianbattista] Martini (1706 - 1784) galt als die musikalische Instanz. Seine Einschätzungen und Urteile waren in Europa Alpha et Omega der Musik. Martini trat 1721 in den Franziskanerorden ein und empfing 1729 die Priesterweihe. Zu seiner riesigen Schülerschar zählten klangvolle Namen wie Nicolò Jomelli, Wolfgang Amadé Mozart und Johann Christian Bach. Belege für Righinis Unterricht fehlen, doch wird das in der gesamten Literatur, gleich ob alt oder neu, behauptet.

Anfänglich ließ sich Vincenzo Righini von seinen stimmlichen Mängeln keineswegs verdrießen. Mutig stürzte er sich ins Opern- und Konzertgetümmel. *Er debütierte auf dem Theater von Parma, und erhielt für seine gute Methode eher als für die Schönheit seiner Stimme Applaus* steht in der *Biographie universelle des musiciens et bibliograhie générale de la musique (Mitte 19. Jahrhundert)* von Françoise-Joseph Fétis. Die Notiz läßt staunen. Das Publikum im Parma des Jahres 1775 muss von Gesangstechnik außergewöhnlich viel verstanden haben. Möglicherweise ist hier glättender Biographen-Eifer, den ein Gerücht unterfüttert, am Werk. Die Vermutung wird geschürt, weil es später in Wien gleichlautend heißt, seine Technik habe gefallen doch nicht seine Stimme.

Righinis Wiener Debüt als Sänger war am 6. Dezember 1777 in *La passione di Gesu Cristo* einem Oratorium von Antonio Salieri (1750 - 1825). Womöglich wollte Righini testen, ob er in Wien bleiben kann. Die *Musikalische Societät der freyen Tonkunst der Witwen und Waisen* veranstaltete *die Akademie*. Die Einnahmen diente der Wohltätigkeit. Es gab keine Honorare. Mozart berichtet darüber am 24. März 1781: *„Alles was nur Musik* *heist spiellt da umsonst - das orchestre ist 180 Personnen stark - kein virtuos der nur ein bischen liebe des Nächsten hat, schlägt es ab darin zu spielen, wenn er von der Societet aus darum ersuchet wird - denn, man macht sich auch sowohl beym kayser als beym Publicum darum beliebt."* Kurz zuvor konnten die Wiener, dem Komponisten Righini begegnen. Am 21. August 1777 war die Wiener Premiere seiner Oper *Il convitato di pietra,* eine frühe Opernfassung des Don-Juan-Stoffes. Das Libretto schuf Nunziato Porta, von dem auch Joseph Haydn Texte vertonte.

Erfolg war dem Sänger nicht beschieden und auch die Opernpremiere blieb ohne große Nachwirkung. Denkbar, dass der gescheiterte Tenor und kaum beklatschte Tonsetzer selbst das Gerücht von der schlechten Stimme bei guter Technik ausstreute. Wobei von der guten Technik noch gesprochen werden soll; denn sie muss tatsächlich exzellent gewesen sein.

Sollte Vincenzo Righini Pläne gehegt haben, sich in Wien niederzulassen, so musste er sie vorerst aufgeben, sich mit einem Gastspiel begnügen und nach Prag zurückkehren. Dorthin war er 1776 nach dem missglückten Start in Parma gegangen. Ein Engagement fand er in der Operntruppe von Giuseppe Bustelli. Im Theateralltag zeichnete sich ab, dass er als Sänger kaum seinen Lebensunterhalt bestreiten konnte. Ernst Ludwig Gerber sagt, er habe sich in Prag als *Singekomponist* herangebildet und *brachte auch da schon mehrere Opern und Scenen als erste Probe seiner Talente, mit Glück und Beifall aufs Theater.* Nach unterschiedlichen Angaben entstanden in Prag die komischen Opern *La vedova scaltra* und *La bottega del caffee,* sowie die in Wien aufgeführte schon genannte Oper *Il convitato di pietra.* Sie soll bereits 1776 in Prag gegeben worden sein. Mozart griff diesen Stoff zehn Jahre später auf und schuf die Oper aller Opern (Goethes knappes und treffendes Urteil über *Don Giovanni*).

Glück und Beifall mögen den lokalen Ruf und Ruhm etwas weitergetragen haben. Stimmt das, dann wollte Righini seine Chancen nutzen. Ein weiterer, wesentlicher Anlass: Mit der Operntruppe von Giuseppe Bustelli stand es nicht gut. Das Publikum wanderte allmählich ab, es kamen deutsche Singspiele in Mode. Jedenfalls geht Vincenzo Righini 1780 wieder nach Wien. Es heißt, Kaiser Joseph II. hätte ihn als Gesanglehrer berufen. Zudem sei Righini Leiter der Opera buffa gewesen. Beides entbehrt der Nachweise. Einiges spricht dafür, dass sich der Komponist und Gesangslehrer nicht unbedingt mühsam durchs Leben schlug. Sein Unterricht war gefragt, er komponierte und erledigte Hilfsdienste für den Musikbetrieb. So erhielt der Emsige 1784, *für im Theaterdienst gebrauchte extra Furen,* drei Gulden. Mozart lag wohl nicht völlig falsch, als er im August 1781 seinem Vater schrieb: *„Von Signor Righini seinem Glück weiß ich nichts. Er gewinnt sich viel Geld mit Scolarisieren* [Unterrichten] *und vergangene Fasten war er mit seiner Kantate glücklich; denn er hat sie zweimal hintereinander gegeben und allzeit gute Einnahmen gehabt."*

Für einen Stimmpädagogen spricht das Können seiner Schüler; Vincenzo Righini kann Beachtliches vorweisen. Die legendäre blinde Komponistin und Pianistin Maria Theresia von Paradis (1759 - 1824) wurde von ihm 1780 bis 1783 unterrichtet. In seiner Wiener Zeit erteilte er auch einer anderen, illustren Primadonna Lektionen: *„Dem Righini Vincenzo für Unterrichtung der Josepha Weber im Singen vom 1. Aprilis 1783 bis letzten Marty 1784 200 fl."* Später erhält Righini noch einmal eine Zahlung für das Unterrichten der Josepha Weber, Mozarts Schwägerin. Das überwältigende sängerische Können der Sopranistin, (1758 oder 1759 - 1819) wird deutlich beim Betrachten was Mozart für sie schrieb. Etwa die Königin der Nacht in der *Zauberflöte,* die sie in der Uraufführung der Oper am 30. September 1791 im Theater auf der Wieden in Wien kreierte. Die technischen Schwierigkeiten der Partie machen ihre Virtuosität und ihre besondere Ausbildung in höchsten Lagen wie in den Staccato-Koloraturen deutlich. Ähnliche hohe Anforderungen stellte die für sie von Mozart komponierte Konzertarie für Sopran KV 580 *Schon lacht der holde Frühling.* 1788 heiratete Josepha Weber den Violinisten Franz de Paula Hofer (1755 - 1796) und sang unter dem Namen Josepha Hofer-Weber.

Der Komponist Righini blieb nicht untätig. Am 23. Juli 1782 wurde seine Oper *Armida* im Palais Auersperg aufgeführt. Völlig ohne Resonanz blieb diese Musik nicht. Der Wiener Hof gab ihm Kompositionsaufträge für die Opern *L'incontro inaspettato* (Uraufführung 27. April 1785) und *Demogorgone ossia il Filosofo Confuso* (12. Juli 1786). Dazu kommen die Kantaten *La sorpresa amorosa* und *Il natal d'Apollo,* die später auch in Koblenz-Ehrenbreitstein - Residenz des Fürsterzbischofs von Trier - aufgeführt wird. Unbekannt, wer diese Stücke schreiben ließ. Der Librettist der Kantate und späterer Berliner Hofpoet, Antonio de' Filistri da Caramondani, spielt in Righinis Karriere noch eine wichtige Rolle.

Zumindest die Premiere von *Demogorgone* stand unter keinem guten Stern. Die *Kaiserlich königliche allergnädigst privilegirte Realzeitung der Wissenschaften, Künste und der Commerzien* merkt am 15. November 1785 an: *„Übrigens will man sowohl bei dieser als bei vielen anderen Vorstellungen bemerkt haben, dass ein Kompositeur, der nicht das Glück hat, in besonderen Gunsten der Sänger und Sängerinnen zu stehen, ganz genau darauf rechnen darf, dass sie nichts unterlassen werden, seine Arbeit so mittelmäßig und schläfrig als nur möglich vorzustellen."* Ein Racheakt der Interpreten für erlittenes Ungemach während der Proben? Ging Righinis cholerisches Temperament durch? Für seine Berliner Zeit ist das belegt. War Righini ein Orchester-Wüterich? Die Berufung nach Mainz legt das durchaus Nahe. Die kurmainzische Hofkapelle sollte reformiert werden. Der Fürsterzbischof wollte alten Schlendrian und Überlebtes verbannen. Dazu brauchte es einen handfesten Kapellmeister. Einen Orchesterchef, dessen Dirigat vielleicht nicht gerade glänzen musste, der aber eine gewisse Hartnäckigkeit und Rücksichtslosigkeit beim Durchsetzen von Neuerungen besaß.

Intensive und vielfältige Verbindungen gab es zwischen Wien und Mainz. Adam Gottron (Mainzer Musikgeschichte, 1956) erwähnt ein Fest der *Mainzischen Nation* am Bonifatiustag (5. Juni) 1775 im Schottenstift. Auch Friedrich Karl Joseph von Erthal (1719 - 1802), im Jahre 1774 zum neuen Mainzer Erzbischof und Kurfürsten gewählt, war einige Jahre als kurmainzischer Gesandter am kaiserlichen Hof in Wien. Von dort brachte er Ideen der Aufklärung nach Mainz. *Nabel der aristokratischen Welt* und *Rheinisches Athen* wurde die rund 30 000 Einwohner zählende Stadt genannt. Wirtschaftlich stand sie zwar immer im Schatten der Messestadt Frankfurt, doch ihre politische Bedeutung ist immens gewesen. Der Mainzer Erzbischof spielte im Heiligen Römischen Reich Deutscher Nation eine führende Rolle. Er war Erster Kurfürst und Erzkanzler des Reiches. Erthal ging als *geistreicher, hochgebildeter und kunstsinniger* Regent in die Geschichte ein. Doch sei er nicht minder *starrsinnig* wie *eitel* gewesen. Kunst war dem Kurfürsten ein Mittel der Repräsentation. Sein Interesse galt vorzugsweise der Architektur und der Malerei. Dazu kamen Prestigeobjekte wie etwa die finanziell marode Höchster *Porcellainfabrique;* er unterstützte sie aus seiner Privatschatulle und bezog 1780 *für die kurfürstliche Hofhaltung* in Aschaffenburg Prunkgeschirr und Figuren im Wert von 1032 Gulden. Zu den Prestigeobjekten gehörte die Hofmusik.

Sein Vorgänger Emmerich Joseph von Breidbach-Bürresheim (1707-1774) hatte, als er am 5. Juli 1763 kurmainzischer Fürsterzbischof wurde, sogleich an der Großen Bleiche ein Komödienhaus mit dreitausend Plätzen errichten lassen. Wenig Interesse zeigte Emmerich Joseph an seiner eine Hofkapelle, die er mit 20 Musikern übernommen hatte; er beließ alles wie er es vorfand. Vielleicht reichten dem Fürsten Flöte und Horn die er selber spielte. Eine seiner frühen Begegnungen mit Musik ist amtlich: 1726, von Breidbach-Bürresheim war Domdechant, ging es um das Besetzen der Vikarie St. Peter und Paul. Das Amt war mit dem des Domkapellmeisters verbunden. Der Bewerber Johann Michael Breunich musste in einer Chorprobe vorsingen, Referent war Emmerich Joseph. Er beurteilte den Bewerber positiv und Breunich bekam sie Stelle. Später entpuppte er sich als das, was er schon in Würzburger Diensten, die er unerlaubt verlassen hatte, gewesen ist: ein Tunichtgut.

Im zweiten Jahr seiner Regentschaft bestellte Erthal Oberhofmarschall Karl Philipp von Ingelheim zum Intendanten der Hofmusik. Gleichzeitig wurde versucht, das Niveau der Kapelle durch Engagements guter Musiker zu heben. Auch wollte man auf dem Stand der Dinge sein. So stellte der neue Intendant mit Christian Gottlieb Scheidler (1752? - 1815?, Frankfurt) einen Vertreter des absoluten Modeinstrumentes Gitarre ein. Scheidler, ein Mehrzweckmusiker der zudem Cello und Fagott spielte, komponierte auch für sein Hauptinstrument. Im Neudruck erschien von ihm eine reizende Sonate für Violine (Flöte) und Gitarre in D-Dur. Nicht nur im Mainzer Raum waren Gitarrekompositionen, vor allem für Gesang und Gitarre, en vogue. Es blieb nicht beim Engagieren von Instrumentalisten. Großartige Sängerinnen konnten für den Mainzer Hof gewonnen werden. Darunter die Sopranistin/Mezzosopranistin Josepha Hellmut (1757 - 1798?) und die Altistin Maria Anna Lehritter (1762 - 1783?). Die berühmteste der Primadonnen war die Sopranistin Margarethe Luise Hamel (1768 - 1809), Tochter des kurmainzischen Hof-Fagottisten Nepomuk Hamel. 1789 heiratete sie den Geiger und Komponisten Ernst Schick (1756-1815). In Mozarts Frankfurter Konzert am 15. Oktober 1790 zur Krönung Leopolds II. sang sie eine Arie und ein Duett. Ihr Partner war der gefeierte Kastrat Francesco Antonio Ceccarelli, der 1788 bis 1791 am Mainzer Kurfürstlichen Hof wirkte und in seiner Wiener Zeit mit der Familie Mozart eng verbunden gewesen ist. Es wird angenommen, dass Ceccarelli durch Vincenzo Righinis Vermittlung nach Mainz kam. Mit dem ihm eigenen Überschwang soll Mozart über *Madame Schick* ausgerufen haben: *„Jetzt möchte ich keine andere Sängerin mehr hören!"*

All den trefflichen Kräften fehlte der richtige Kopf, der tüchtige Kapellmeister. Der Kurfürst ließ sich umtun. Sein Wunschkandidat hieß Ignaz Franz von Beecke (1733 - 1803), ein beachtlich umtriebiger Mensch. Unzählige Kunstreisen führten den Offizier, Pianisten und Komponisten quer durch die deutschen Lande. Er kannte alles und jeden. Seit 1759 gehörte er zum Hof des Fürsten von Öttingen-Wallerstein und wurde dort 1773 Musikintendant. Der emotional Rasche sorgte 1784 für eine reichhaltig blamable Situation. Mit eigener Hand schrieb er auf eine Partitur: *„Auf den Todt des Ritter Gluck. in Mayntz aufgeführt und Componirt Vom Hauptmann Beecke anno 1784."* Der schwerkranke Opernreformer Christoph Willibald Gluck starb 1787. Ignaz Franz von Beecke fühlte sich als Musikchef des fürstlichen Hofes Öttingen-Wallerstein gut aufgehoben. Der Gesellschafts- und Musiklöwe winkte den Kurmainzern ab. Statt seiner empfahl er *Signor Reghini* (sic! Die Schreibweise bereitet bis heute vielen Schwierigkeiten). Durch die Verbindungen mit Wien, dürfte der Name in Mainz nicht gerade unbekannt gewesen sein. Der kurfürstliche Hof nahm Kontakt auf.

Mit dem Intendanten Ingelheim ging es nicht so vorwärts, wie sich das der Kurfürst vorstellte. Fürsterzbischof Friedrich Karl Joseph gewann im Juni 1787 seinen Neffen, Generalmajor von Hatzfeld zum Berater für Musik und Theater. Oberhofmarschall Karl Philipp von Ingelheim wurde als Intendant mit großer Diskretion kaltgestellt. Der Kurfürst übernahm 1787 das Intendanten-Amt selbst. Oberhofmarschall Ingelheim wird bis 1797 als Vorgesetzter des Orchesters in den Akten genannt, aber von 1788 an fehlt die Bezeichnung Intendant. Hatzfeld, versehen mit einer hochmusikalischen Verwandtschaft, nahm in staunenswerter Energie die Neuorganisation des Orchester vor. Bei seinen Plänen stand das berühmte und bejubelte Mannheimer Orchester Pate. Die Mannheimer verfügten über einen beträchtlichen Etat. Also ging Hatzfeld den Kurfürsten um Geld an. Tatsächlich wurde ein jährlicher Fonds von 24 575 fl. bewilligt, mehr als anfänglich gebraucht wurde.

Was Hatzfeld für die Entlohnung der Musiker einrichtete, kann durchaus eine Art Tarifvertrag genannt werden. Er sicherte die finanzielle Lage der Hofmusiker ab. Geschaffen wurden drei Gehaltsklassen. Kapellmeister, Konzertmeister und die ersten Gesangssolisten gehörten zur ersten Gruppe. Die anderen Orchestermusiker, die auch solistisch tätig waren, sowie die übrigen Sänger gehörten zur Gruppe zwei. Alle übrigen Hofmusiker wurden der dritten Gruppe einverleibt. Für längere Dienstzeit zahlte der Hof Treue-Zulagen. Für gute Leistungen und gutes Betragen gab es Prämien. Ruhegelder für die Pensionisten und die Hofbälle wurden aus den allgemeinen Geldern des Staates bezahlt, was den *Musicfonds* beträchtlich entlastete. Residierte der Hof in Aschaffenburg und mußten Musiker dort ihrem Dienst nachkommen, erhielten sie Spesen aus der Staatskasse, was natürlich dem Musiketat wiederum zu Gute kam. Auf der unangenehmen Seite der Medaille standen Strafgelder für Versäumnisse. Gingen Noten verloren, mußte der betreffende Musiker dafür gerade stehen. Der Kapellmeister durfte als einziger das Orchester leiten. Die Konzertmeister galten fortan als Führer der Geiger und hatten solistische Aufgaben. Vermutlich gab es beim Anschaffen neuer Musikalien einigen Wildwuchs. Deshalb verbat man den Musikern, Noten fürs Orchester anzuschaffen. Das Recht dazu lag nun einzig beim Intendanten, der die Vorschläge und Wünsche des Kapellmeister entgegennahm.

Bevor reisende Musiker ein Konzert geben durften, mußten sie sich durch eine Prüfung vor Kapellmeister und Intendant dafür befähigt zeigen. Intendant Hatzfeld hatte noch anderes in petto. Mit einer Orchesterschule wollte er für gut ausgebildeten Nachwuchs sorgen. Der Plan ließ sich nicht verwirklichen.

Der seit 1756 amtierende Kapellmeister Johann Michael Schmidt (1720? - 1792) ist mit all den Neuerungen offenbar nicht fertig geworden. Hatzfeld regte einen erträglichen Halb-Ruhestand an. Der verdiente Musiker solle mit der Auflage pensioniert werden, als Vertreter des künftigen Kapellmeisters zu fungieren. Johann Michael Schmidt wurde 1787 in den Ruhestand versetzt. Inzwischen waren die Verhandlungen mit Vincenzo Righini gediehen.

Ende 1787 traf Vincenzo Righini in Mainz ein. Am 2. September 1788 gab Opernkomponist Righini in der Sommerresidenz Aschaffenburg sein kurmainzisches Debüt. Er griff dabei auf ein bewährtes Werk zurück. Auf jene *Armida,* die am 23. Juli 1782 in Wien uraufgeführt wurde. Righini überarbeitete die Oper für Mainz.

Augenscheinlich ist Righinis Produktion während seiner Mainzer Jahre verhältnismäßig mager. Trotzdem gab es neue Musik in Fülle; denn mehrere Musiker des Hofes waren schöpferisch tätig. Eine herausragende Gestalt ist der Hofkaplan und Hoforganist Johann Franz Xaver Sterkel (1750 - 1817), Halbbruder der Altistin Maria Anna Lehritter, die am 23. Juli 1788 mit Vincenzo Righini die Ehe einging.

Sterkel, 1774 zum Priester geweiht, erhielt 1778 seine Berufung an den Kurmainzer Hof. 1779 bis 1782 finanzierte ihm Friedrich Karl Joseph von Erthal einen Studienaufenthalt in Italien. Mit großem Erfolg wurde 1782 seine Oper *Il Farnace* in Neapel aufgeführt. Sterkel versorgte die Hofmusik mit Kammerwerken,

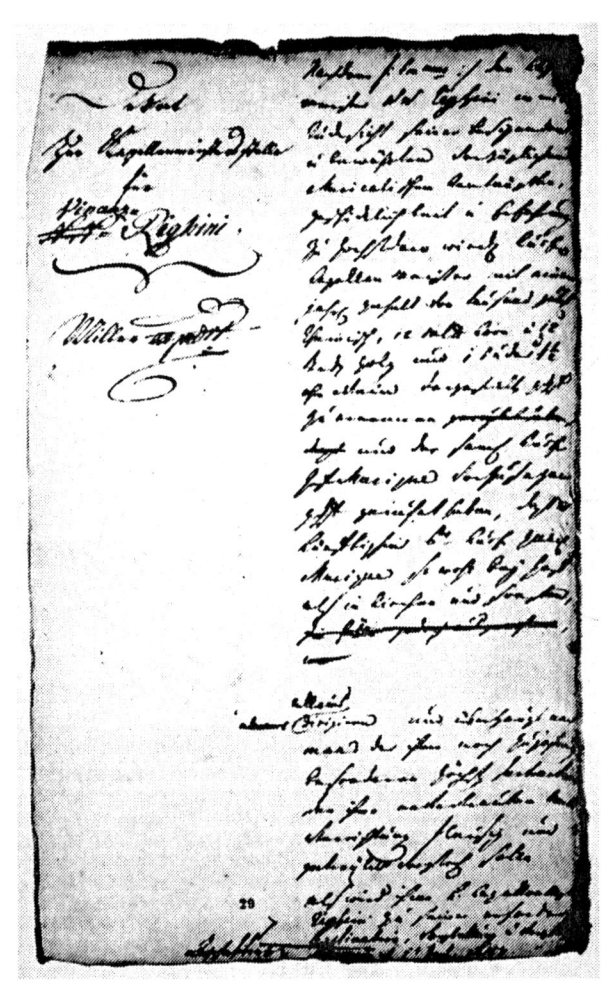

„Dekret zur Kapellenmeisterstelle für Vincenz Righini."
Übertragung auf der nächsten Seite.
(Staatsarchiv Würzburg)

Vorderseite:

„Dekret zur Kapellenmeisterstelle für Vincenz Righini." Erhalten hat sich nur das Konzept: *„Nachdeme Seine Eminenz den Kapellenmeister Righini in mildester Rücksicht seiner besitzenden u. bewährten vorzüglichen Musicalischen Kentnüssen, Geschicklichkeit und Erfahrung zu hochstdero würden, Kurfürstlichen Kapellenmeister mit einem jährlichen Gehalt von tausend gulden Rheinisch, 12 malter Korn und 12 Ruden Holz und 1 Fuder und 1 ½ ohm Wein dergestalt gnädigst zu accouriren und der sämtlichen Kurfürstlichen Hof Musique vorzusetzen gnädigst geruhet haben, dass er künftighin Ihrer Kurfürstlichen Gnaden Musique So wol bey Hof als in Kirchen und sonsten, alleins dirigiren und überhaupt nach maaß der ihme noch anvertrauten Amtsverrichtung fleisig und getreulich vorstehen solle also wird ihme Kurfürstlichen Kapellenmeister Righini zu seiner erforderlichen Legitimation Vorstellung Verpflichtung* [der Text bricht hier ab]

Aschaffenburg dem 1. Juli 1787."

Klavierstücken, Arien, Liedern und Konzerten. Auch Konzertmeister Georg Anton Kreußer (1743 - 1810), manchmal auch Kreusser geschrieben, war ein Tonsetzer von Rang und bis Righinis Ankunft der heimliche Hofkomponist.

Schuld an Righinis zeitweiligen schöpferischen Blockaden kann ein Gemenge aus einer zuweilen bedächtigen Arbeitsweise und einer chaotischen Lebensführung sein. Korrespondenzen, die mit der Arbeit an der Oper *Alcide al bivio* (Herkules am Scheideweg) in Zusammenhang stehen, lassen diesen Schluß zu. Der Kurtrierer Hof bestellte die Oper. Clemens Wenzeslaus von Sachsen, in Koblenz-Ehrenbreitstein residierender Fürsterzbischof von Kurtrier, kam von Dresden und war an ein üppiges und hochkarätiges Musikleben gewöhnt. Mit bescheideneren Mitteln versuchte er das auch in seiner Residenz zu installieren.

Clemens Wenzeslaus kannte Righini aus Wien. Auch der kurtrierische Regent war dort ehemals Gesandter. Es ist anzunehmen, dass er in Wien Righinis Kantate *Il natal d'Apollo* gehört hatte. Offenbar ein Zugstück, wie aus Mozarts schon zitiertem Neidbrief erkennbar ist. Clemens Wenzeslaus ließ die umfangreiche Kantate für eine Aufführung in Koblenz-Ehrenbreitstein kopieren. Ernst Ludwig Gerber nennt sie eine *große Kantate mit vollem Orchester.*

Il natal d'Apollo wurde Anfang des Jahres 1788 am kurtriererischen Hof abgeschrieben. Wie die Kopiaturliste vom 31. Juli 1788 ausweist. *Auf höchsten Befehl ist für Herrn Righini Il natal Eine gantze sing part und andere stimmen geschrie-*

ben worden ad 66 bogen ... Ein Ouverture Sign. Righini gantz in Composition aufgeschrieben ad 15 bogen... der 2. Theil Il Natal d'Apollo Sign. Righini gantz in Composition geschrieben ad 128 ½ bogen. Am 5. Mai 1788 fand die Aufführung der Kantate unter Leitung des Komponisten statt. Es sangen die ersten Kräfte der Hofmusik: Maria Catharina Urspringer-Reissinger, Catharina Carnoli, Jakob Lindpaintner und Balthasar Gern. Ersichtlich ist das aus einem Ablaufplan des Konzertes, an dessen Ende vermerkt ist *Direttore il Sign. Vincenzo Righini* und dass er eine goldene Tabakdose sowie 40 Louisdor erhielt.

Die Wertschätzung des Musikers wird durch dieses Konzert deutlich. Es ist die einzige Akademie am kurtrierischen Hof, die komplett von einem auswärtigen Kapellmeister, dazu noch mit einem Werk aus seiner Feder, bestritten wurde. Auch bei anderen Konzertprogrammen gibt es verhältnismäßig viele Stücke von Righini. Was Wunder, dass Clemens Wenzeslaus vom Mainzer Hofkapellmeister eine Oper wünschte.

Es sieht aus, als habe sich der Italiener schon wieder von Mainz entfernen wollen und aus diesem Grund nach einer anderen Anstellung umgetan. Damit mag der Besuch, ebenfalls 1788, am Bonner Hof zusammenhängen. Auch hier wird vermutet, dass Righini den regierenden Bonner Kurfürsten aus Wien kannte. Ein Zusammentreffen in Bonn hatte musikalische Folgen. Der Mainzer Hofkapellmeister begegnete dem jungen Beethoven, der seit 1783 der Hofkapelle angehörte. Das Ergebnis des Kennenlernens sind 24 Variationen für Klavier (WoO 65), die Beethoven über

Righinis Arie *Venni* [vieni] *Amore* schrieb.

Righini soll hier die junge Sopranistin Magdalene Willmann (1771 - 1802) unterrichtet haben. Hoftratsch wusste, dass Beethoven der Sängerin einen Heiratsantrag gemacht hatte. Die Goldkehle wollte aber nichts von dem künfitgen Großmeister wissen. Später, beide mittlerweile arriviert und in Wien, soll Magdalene Willmann Beethoven daran erinnert haben. Der Meister wollte sich nicht mehr an die Jugendtorheit erinnern und grollte fortan der Sängerin.

Zurück zu *Alcide al bivio* und Righinis Blockaden. Mit dem Kurmainzer wurde in Koblenz vereinbart, dass er den Tenor Jakob Lindpaintner in die Arbeit einbeziehe. Durchaus italienische Opernpraxis. Auch sollte Lindpaintner Gesangslektionen von Righini erhalten. Am 12. Juli 1788 berichtet Vincenzo Righini an den Koblenzer Hof die Ankunft des Sängers, der bei dem Kapellmeister wohne. Außerdem teilte der Kurmainzer dem fremden Hof mit, dass er im August seinem Herren nach Aschaffenburg zur Sommerresidenz nachreisen müsse. Gerne würde er Lindpaintner mitnehmen um ihn dort in einer Oper einzusetzen. Clemens Wenzeslaus von Sachsen war entsetzt. Sein Musikintendant mußte sofort an Righini schreiben - er tat's am 25. Juli mit solcher Hast, dass Passagen nicht mehr zu entziffern sind - und den Sänger zurückfordern. Ungern mochte er ihn an einen anderen Hof verlieren. Das Verhältnis zwischen Sänger und Fürst war fast freundschaftlich.

Auch dem Sänger wurde am gleichen Tag geschrieben und

Mainz. Aus „Beschreibung der vornembsten Stätt und Plätz"
(Matthäus Merian)

angedeutet, dass er mach Koblenz müsse. Außerdem bat man Lindpaintner, er solle für die *guten Goldflorin* gute Musik von Righini mitbringen. Jakob Lindpaintner schrieb am 30. Juli zurück. In seinem Brief nennt er seinen Mainzer Aufenthalt freiweg *Exilium* aus dem er gerne befreit werden würde. Zu den gewünschten Kompositionen stellt der Tenor humorig fest: „*Was aber eine Musiksammlung betrifft, so muß ich Euer Excellenz so ganz grade versichern, dass Herr Righini, wenn er mir auch gerne alles in der Welt geben wollte, außer dem, was er schon in Koblenz auslegt, weiter gar keinen Vorrat besitzt, und die Arie, die er mich schon bei meiner Ankunft fertig zu haben versicherte, steckt auch noch wirklich in dem Finstern seines Kopfes: denn noch wirklich führt in ganz Mainz keine neu geschaffene Note seinen Namen."* Grund für Lindpaintners Wunsch dürften die Zustände rund um den Hofkapellmeister gewesen sein. Zustände, die den Hofschranzen gehaltvolle Nahrung für Klatsch und Tratsch boten. Der Tenor erlebte die überstürzte Hochzeit des Hofkapellmeisters mit der hochschwangeren Altistin Maria Anna Lehritter am 23. Juli 1788. Schon am 7. August gebar sie einen Sohn, der auf die Namen seines Onkels Sterkel, Johann Franz Xaver (Joannes Franciscus Xaverius) getauft wurde. Das Kind lebte nur acht Tage. Nicht nur die schnelle Geburt feuerte das Geschwätz an. Es ging die Rede um von unklaren Geldgeschäften, in die der Italiener verwickelt sei. Das alles im Haushalt eines Hofkapellmeisters und einer Hofsängerin, die auch noch die Halbschwester des Hofkaplans war. Eines Hofkaplans, der obendrein für das überschnell geborene Kind den Paten spielte.

Das lässt Fächer ausschweifend wedeln, lässt Murmeln und Flüstern, lässt in hundert Stimmlagen grübeln, mit erhobenem Ton Tage und Monate nachrechnen. Auch herrlich angespitzte Bemerkungen über geplatzte Wechsel, krumme Bankgeschäfte, Pump und Verschiebungen von Schulden machten des Hofkapellmeisters Lebenswandel möglich. Der Mann hatte augenscheinlich auch zweifelhaften Umgang.

Aber - oh Wunder: als Jakob Lindpaintner sein *Exilium* hinter sich ließ und wieder im heimischen Koblenz ist, hatte er Musik von Righini im Gepäck. Am 16. November 1788 gestand der Komponist schriftlich, er fühle sich geschmeichelt, dass die Musik dem Fürsterzbischof von Kurtrier gefalle. Obendrein legt er in den Brief eine neue Arie für Lindpaintner. Zur Freude des Kurfürsten erklärt Righini, er habe mit der Oper *Alcide al bivio* begonnen. Es ist anzunehmen, dass der Fürst selbst das Libretto von Pietro Metastasio auswählte. Der Komponist fand, wie aus dem Brief zu entnehmen ist, das Libretto etwas altmodisch. Eine heutige Oper müsse mehr Duette und Terzette bieten, sonst würde sie langweilig. Righini schlägt für die Änderungen den Mannheimer Poeten und Privatsekretär des pfälzisch-bayrischen Kurfürsten, Abbate Mattia Verazi, vor. Den ersten Akt wolle er sofort nach seiner Vollendung senden. Dem Auftraggeber in Koblenz waren des Komponisten Ideen etwas zu wenig neapolitanisch-höfisch-heroisch. Anders gesagt: Viel zu modern. Aus einem Brief vom 13. Dezember erfährt der Komponist vom Intendanten, die Oper habe ausreichend Ensembles und deswegen müsse nichts geändert werden. Zum Beweis, dass genug im Ensemble gesungen wird, werden die entsprechenden Libretto-Nummern aufgelistet. Das Libretto ist von Righini nur flüchtig gelesen worden, was weder mit beteuertem Eifer noch mit der Kritik vereinbar ist. Er wird aufgeklärt, dass die Oper nur einaktig ist. Am 19. Dezember schreibt Righini zurück. Er will deutlich machen, dass er andere Texte und mehr Reime brauche um Wortwiederholungen zu vermeiden. Er wolle ein vollkommenes Werk liefern, doch sein Wille stehe unter dem des Regenten. Des Geplänkels wahre Absicht: Righini fand keinen Geschmack am Libretto; denn er schickte ein anderes mit. Righini biss auf Granit. Der Kurfürst ziehe vor allem *wegen der Moral (surtout pour la moral)* den *Alcide* vor, wird dem Komponisten am 25. Dezember mitgeteilt.

Die Sache schleppte sich hin. Am 12. März 1789 säuselt Righini in einem Brief nach Koblenz, nach vielen Nachtwachen, leeren Blättern und großen Mengen Schweiß sei das Ende von *Alcide al bivio* ersichtlich. Zum Komponieren verblieben nur noch drei Stücke. Geduldig habe er alle Schwierigkeiten überschritten in Hoffnung auf des Fürsten Beifall. Den ganzen Winter hätte er jeden Moment an dem Werk gearbeitet. Die Frage, wann der *Alcide* in Koblenz sein soll, ist mehr als scheinheilig. Erst elf Monate später, am 18. Februar 1790, teilt Righini dem Musikintendanten mit, dass die Oper fertig ist. Er fragt ob es genehm sei, wenn er *Alcide* im März in Koblenz vorlege.

Was folgt, sind Korrespondenzen wegen des Aufführungstermins. Es hieß, die Oper könne noch vor der Karwoche gegeben werden. Die Besetzung war festgelegt. Righini will nach Koblenz. Es geht nicht. Staatstrauer wurde ausgerufen. Kaiser Joseph II. war am 20. Februar 1790 in Wien gestorben. Auf Nachfrage erfährt Righini, dass jegliche Musik wegen der Trauer untersagt ist. Schließlich wird für die Premiere der 22. April herausgedeutet. Der Termin platzte; denn Clemens Wenzeslaus reiste nach Bonn. Auch Proben sind unmöglich. Righini forderte für das Einstudieren mindestens zwei Wochen. Doch zwei der Hauptdarsteller - der Tenor Jakob Lindpaintner und Katharina Carnoli (Sopran) - mussten im Gefolge mitreisen.

Allerdings hatte Hofkapellmeister Vincenzo Righini nun andere Aufgaben und Plagen. Er sorgte für die Musik zur Trauerfeier im Frankfurter Römer. Unter seiner Leitung erklang Joseph Haydns *Stabat mater* am 21. März 1790. Der Text ist dem Anlass angepasst worden. Im Frankfurter Dom führten die Mainzer am 24. März ein Requiem auf. Welches Werk gegeben wurde ist unbekannt.

Am 7. April beantwortete Righini einen Brief aus Koblenz, dass er spätestens am 16. April in Koblenz sein werde. Am 6. Mai 1790 konnte *Alcide al bivio* endlich das Theaterlicht erblicken. Righini hatte sich mit seinen Änderungswünschen wenigstens teilweise durchgesetzt. Der Hof gibt Anweisung, dass der Mannheimer Hofpoet Mattia Verazi für die *poetische Abänderung eines neuen Oratorii* ein Ohm *rothen Wesel Wein* erhalten soll. Sei der Rote nicht greifbar, dann müsse *eine Ohm guten* 1783er *weisen Wein* her. Dem Kurfürsten gefallen die *poetischen Abänderungen,* sonst hätte es ja irgendein Schoppen getan. Erwähnt wird der Mannheiner nicht. Es hieß: *„Poesia di celebre abate Metastasio."* Zehn Tage später, am 15. Mai, wird die Oper in Gegenwart des Herzogs von Sachsen-Teschen und der Erzherzogin Christina wiederholt.

Der Tenor Michael Kelly (1762 - 1826) schildert in seinen Lebenserinnerungen (1826) eine unerfreuliche Episode aus Wien, die in dieser Weise nicht geschehen sein kann. Dabei merkt er an, Righini *arbeitete wie ein Maulwurf im Dunkeln.* Ist in diesen Memoiren auch allerlei schlecht erfunden, die Charakterisierung Righinis scheint es nicht. Bei all diesen Aktionen in Koblenz ist einer schamlos hintergangen worden. Der kurtrierische Hofkapellmeister Pietro Pompejo Sales (1729 - 1797). Er zieht sich gekränkt und vornehm aus der Affäre: Einen Tag nach Righinis Ankunft, er traf pünktlich am 16. April ein, bittet Sales um Urlaub. Er wolle mit Freunden zur Frankfurter Messe. Die Luftveränderung sei auch seiner Gesundheit zuträglich. Zudem wäre sein Amt derzeit mit Herrn Righini gut besetzt, was seine Gegenwart nicht erforderlich mache.

Dem Kurmainzer kann nicht verborgen geblieben sein, wie schwer er seinen Kollegen verletzte. Man muss vermuten, dass Righini seine Unternehmungen gezielt und mit großer, gnadenloser List betrieb. Schon beim Besetzen der vier Hauptpartien wurde die Altistin Franziska Blümer, seit 3. November 1774 des Kapellmeister Sales' Frau, übergangen. Mit ihrem um 25 Jahre älteren Mann gastierte Franziska Blümer-Sales 1777 in London, wo beide - er als Gamben-Virtuose - außerordentlich gefielen. Eigentlich stand die Altistin auch am kurtrierischen Hof in hoher Gunst. Das macht es mehr als nur erstaunlich, warum in *Alcide* Katharina Kaltenborn sang, eine begnadete Skandalnudel. Wegen ihres schlechten Verhaltens flog sie am 26. April 1780 aus der Hofkapelle, doch wurde sie am 1. November des gleichen Jahres mit reduzierter Gnade wieder aufgenommen. Vulgo: Bei gekapptem Gehalt und, bezeichnender Weise, ohne das sonst übliche Weindeputat.

Am 1. November 1793 wurde sie endgültig gefeuert. Der Hof hatte ihr eine Erholungsreise nach Aachen bewilligt. Demoiselle Kaltenborn nutzte die Kur in ihrer unkonventionellen Art und brannte mit ihrem Schatten, einem Schauspieler der Böhmschen

Truppe, durch.

Vincenzo Righini stieß auch in anderer Weise dem heimischen Hofkapellmeister vor den Kopf. So machte er bereits 1788 zur Aufführung seiner nicht existenten Oper Vorschläge für die *Einrichtung des Churf. Hoforchesters.* Sie sind nicht in Französisch, wie die Korrespondenz mit dem Hof, sondern in der gemeinsamen Muttersprache von Sales und Righini - in Italienisch - verfasst. Eine Böswilligkeit mehr? Rücksichtslos greifen die Vorschläge in die Befugnisse des amtierenden Kapellmeisters ein. Righini spielt den Chef. Was in neun Paragraphen aufleuchtet: Righinis Gedanken sind nicht seine eigenen. Sie folgen ziemlich genau der Mainzer Orchesterordnung des Generalmajors von Hatzfeld. Allerdings ließ sich Righini nicht über die Besoldung aus.

Den Lang [Johann Georg Lang, 1724 - 1798, Konzertmeister] *versetzt in Ruhestand mit der Aufgabe des Vize-Kapellmeisters, und der Verpflichtung gelegentlich zu dienen und für die Kirche einige Stücke zu komponieren.*

2. [Jean] *Danzi* [aus der Mannheimer Familie] *erste Geige* [er sollte also an die Stelle des Konzertmeisters Lang rücken] *und Leiter des Orchesters* [gemeint sind die ersten Violinen]

3. Den alten [Johann Lorenz] *Skotschofsky setzt an die erste Viola.*

4. Bletterle [Friedrich Anton Ploedterl] *Erster der Zweiten und der ganze Rest des Orchesters wird ordentlich sein* [Der Vorschlag wurde umgesetzt]

5. Keine Livree im Orchester, aber jedermann in ordent-

licher Bekleidung. An anderer Stelle heißt es in der *Einrichtung des Churf. Hoforchesters,* ganz nach Hatzfeld, dass ohne die Billigung des Kapellmeisters nichts kopiert werden darf.

Ungetrübt von irgendwelchen dramaturgischen Überlegungen will Righini, dass die Sänger an der Rampe stehen und, mit ihren Partien in der Hand, in Richtung des Hofes - also hin zum Publikum - singen. Der besseren Verständlichkeit wegen. Kein Wunder, dass Hofkanzlisten bei einer solch theaterfernen Darbietung den *Alcide* als *Cantata* oder *Oratorio* verstanden. Vielleicht schuf Righinis Suche nach neuen Darstellungsformen die Verwirrung. Später werden einige seiner, in Berlin geschaffenen Opern, auch als zwittrige Wesen zwischen Theater und Konzertsaal eingestuft.

Alcide al bivio wurde nochmals am 26. Juli 1792 hervorgeholt. Der preußische König Friedrich Wilhelm II. inspizierte seine bei Koblenz stationierten Truppen. Vom 24. Juli bis zum 28. Juli, also an fünf Abenden, gab es zur Unterhaltung des Gastes Opern. Über Righinis Werk halten die Akten fest: *„An diesem Tage fing nach 6 Uhr die Comödie an, welcher Ihro Majestät mit sämtlichen hohen und höchsten Herrschaften und sehr vielen fremden beywohnten. Das büchelgen wurde im voraus von Serenissimo dem König präsentiret, welches den Titel Alzides auf dem Scheidewege führte."*

Nach dem Wirbel um Righini und seine Oper kehrte Pietro Sales an seinen Hof zurück. Dem Kurfürsten war klar geworden, welch ergebenen Untertan und Kapellmeister er an ihm hatte. Aus freien Stücken hatte Sales schon lange auf das Publizieren seiner Kompositionen verzichtet. Die Sängerin Nina d'Aubigny bedauert diesen Auswuchs an Bescheidenheit, *wodurch Sales der Welt vielleicht nicht so bekannt geworden ist, als es sein Talent verdiente, worunter besonders sein dem Churfürsten getanes Versprechen, nur für seinen Herrn zu komponieren, und auszubreiten - gehörte.* Vincenzo Righinis augenscheinlicher Wunsch sich in Koblenz breit zu machen und Sales die Stelle abzujagen, erfüllte sich nicht.

Kroch das Werden des *Alcide al bivio* mühsam dahin, ging das Schreiben der Krönungsmesse - *Messa sollene composta per l'Incoronazione di S.M. l'Imperatore Leopoldo IIo* ihm erstaunlich rasch von der Hand. Im Sommer 1790 - innerhalb von zwei oder drei Monaten, brachte er sie zu Papier. Zum Entstehen dieser geistlichen Komposition wurden bis jetzt noch keine Dokumente gefunden. Die Uraufführung der *Missa solemnis* beim Hochamt am Wahltag 30. September 1790 gefiel auf Anhieb. Sie wurde auch zur eigentlichen Krönung von Leopold II. Großherzog von Toskana und Erzherzog von Österreich zum deutschen Kaiser, am 9. Oktober 1790, im Dom zu Frankfurt aufgeführt.

Am 8. Mai 1791 schickt Righini eine Abschrift der Messe an Kurfürst Clemens Wenzeslaus, weil diesem das Werk in Frankfurt gefallen habe. Der Kurfürst lässt mit gedämpfter Huld danken. Ein Jahr später wendet sich Righini wieder an den kurtrierischen Hof. Am 27. April 1792 schreibt er, dass er nach Berlin müsse. *Seine Majestät der König von Preußen will, dass ich ihm eine neue Oper auf das Gedicht von der Rückkehr des Äneas schrei-*

be. Reisebeginn sei der nächste Mittwoch.

Anfang des Jahres 1792 hatte Righini Kontakte nach Berlin geknüpft. Ein alter Bekannter aus Wien, der schon genannte Librettist Antonio de' Filistri da Caramondani war behilflich. Ausgestattet mit einem Empfehlungsschreiben ohne Namen, es ist datiert mit dem 26. April 1792, trat Righini seine Fahrt an. Das Briefchen unterscheidet sich kaum von anderen Empfehlungen, die damals im Dutzend geschrieben wurden und im Schock herumschwirrten. Wer die Ehre habe, diesen Brief zu übergeben, sei Righini, der kurfürstliche Kapellmeister von Mainz. Der Mann wäre ausgestattet mit Talenten, Verdiensten, ein feiner Mensch und Blablabla…

Das Schicksal hatte Kaiser Leopolds Lebens- und Regierungszeit knapp bemessen. Er starb an einer plötzlichen Krankheit am 1. März 1792 im Alter von nur 47 Jahren. Wieder wurde das pompöse Krönungskarussell in Gang gesetzt. Zum letzten Mal in der Geschichte des Heiligen Römischen Reiches gab es den Schaulauf aus Kaiser- und Königskrönungen in Frankfurt, Preßburg und Prag. Nicht allen schmeckte die imperiale Revue.

Karl Heinrich von Lang nahm, 1790 als Privatsekretär des württembergischen Gesandten in Wien, an der Krönung Kaiser Leopolds II. teil und spottete in seinen Memoiren:

„Der Kaiserornat sah aus, als wär' er auf dem Trödelmarkt zusammengekauft, die Kaiserliche Krone aber, als hätte sie der allerungeschickteste Kupferschmied zusammengeschmiedet und mit Kieselsteinen und Glasscherben besetzt;

auf dem angeblichen Schwert Karls des Großen war ein Löwe mit dem böhmischen Wappen. Die herabwürdigenden Zeremonien, nach welchen der Kaiser alle Augenblicke vom Stuhl herab und hinauf, hinauf und herab, sich ankleiden und auskleiden, einschmieren und wieder abwischen lassen, sich vor den Bischofsmützen mit Händen und Füßen ausgestreckt auf die Erde werfen und liegen bleiben mußte, waren in der Hauptsache ganz dieselben, womit der gemeinste Mönch in jedem Bettelkloster eingekleidet ist."

Allerdings veröffentlichte Karl Heinrich von Lang seine Erinnerungen erst 1818 und da würzte man in deutschen Küchen schon etwas schärfer.

Der 24 Jahre alte Sohn Leopolds wurde 1792 zu Kaiser Franz II. gekürt. Die Krönung sollte nicht minder prunk- und eindrucksvoll sein, wie jene vor zwei Jahren. Nur wollte der Hof dafür die Kassen nicht sehr weit öffnen. Damit die Kosten gering blieben, wurde Righinis Krönungsmesse - möglicherweise nur Teile daraus, ergänzt mit Stücken von Karl Ditters von Dittersdorf (1739 - 1799) - in Frankfurt auch für Franz II. aufgeführt.

Was Righini überhaupt nicht, oder sehr spät, auffiel: Für seine 1790 geschriebene Missa solemnis hatte er kein Honorar bekommen. Erst am 19. Februar 1793 quittierte Righini seinem Wiener Kollegen Antonio Salieri in Frankfurt, dass er 50 Zechinen *per una mia composizione ecclesiastica* erhielt. Der Satz *für eine meiner kirchlichen Kompositionen* irritiert und legt nahe, es gäbe davon eine Vielzahl. Das ist - soweit bei der schlechten

Quellenlage heute überschaubar - absolut nicht der Fall. Doch sind hier ein paar Fragezeichen angebracht.

Zum Krönungsrummel gehörte, dass der Wiener Hof in Mainz das Orchester anforderte. Righinis Schwager Johann Franz Xaver Sterkel beantwortete die Anfrage in italienischer Sprache:

Magonza, li 12 di Maggio 1792

Durch einen Brief, geschrieben von Euer Gnaden an meinen Schwager Righini unter dem Datum des 4. im gegenwärtigen Monat, erfuhr ich, dass sie eine schnelle Antwort wünschen. Aber ich muss mitteilen, er befindet sich zur Zeit in Berlin, wohin er am 4. des gegenwärtigen Monats abreiste, gerufen vom König um eine Opera seria vorzubereiten, die er für den kommenden Karneval schreiben muss.

Statt dessen fehlte ich nicht, sofort ihren Brief, nach dort zu senden, auf den sie Antwort aus Berlin erhalten werden. Betreffend des Orchesterpersonals und die vom Wiener Hof bestimmte Bezahlung für die bevorstehende Krönung, bin ich fest überzeugt, dass alle zufrieden sein werden, obwohl Euer Gnaden von keinem eine unterschriebene Bestätigung hat. Treffen Sie also mit Ruhe ihre Maßnahmen. Ich bemerke auch, dass mein Schwager sicherlich im kommenden Monat zurück sein wird.

Wenn Euer Gnaden sich noch die Mühe macht und auch nach Berlin schreiben möchte, bitte ich Sie, über die Briefanschrift meines Schwagers einen Aufkleber anzubringen mit der Adresse:

a Son excellence Monsieur le Comte de Hatzfeld
Ministre Plenipotentiaire de son Altesse Electorale a la Cour
de Berlin
a Berlin
und so wird dieser Brief sicher seinen Händen übergeben werden.

Für den unglücklichen Fall, dass Euer Gnaden glaubt, beim Warten auf die Antwort meines Schwagers ginge zu viel Zeit verloren, und sie möchten mich auszeichnen mit den Anweisungen für das Orchesterpersonal, wäre es für mich ehrerbietiger Ruhm, Ihnen eine rasche Antwort zu geben.

Ich hege überhaupt keine Zweifel, dass ein jeder, auch bei geringerer Zahlung durch den Wiener Hof, es sich zur Ehre machen würde, unter der Leitung eines Kapellmeisters zu sein wie dem berühmten Signor Salieri.

Auf der anderen Seite bin ich überzeugt, dass mein Schwager meiner Meinung ist. Meine Schwester macht Ihnen tausend Komplimente, und ich gebe mir die Ehre zu sein Eurer erleuchtenden Gnaden

demütigster und hochachtender
Diener Sterkel

Das Verhältnis zum kurmainzischen Hof war keineswegs zerrüttet. Immerhin ist Righini über Domherr Hugo Franz Graf von Hatzfeld (1755 - 1830), Gesandter des Kurstaates in Berlin und Verwandter von Generalmajor Hatzfeld, postalisch erreichbar. Übrigens sang der Domherr beachtlich Tenor und ist Verfasser einiger Romanzen.

Als Sterkel seinen Brief schrieb, lebte seine Schwester noch. Unklar ist ihr weiteres Schicksal. Verschiedentlich wird behauptet, das Paar Maria Anna Lehritter und Vincenzo Righini hätte sich scheiden lassen. Andere sagen, die Sängerin wäre gestorben. Dokumente über ihren weiteren Lebensweg oder über ihr Sterben sind unauffindbar. Möglicherweise starb sie in den ersten Berliner Tagen. Maria Anna Righini hinterließ ihrem Mann zwei Kinder: Fridericus Josephus Vincentus (geboren am 17. September 1789) und Anna (getauft am 3. November 1791).

Die im Brief erwähnte Oper ist *Enea nel Lazio*. Das Werk gefällt, der Berliner Hof stellt den Komponisten ein. Dem Musiker bleibt erspart, was die Mainzer und ihre Stadt erdulden müssen. Vielleicht ahnte er dumpf den Krieg und das Ende der Kurstaaten. Schließlich ist seinerzeit der preußische König nicht auf einer Vergnügungsreise in Koblenz gewesen. Er inspizierte Truppen.

Die französischen Revolutionsarmeen wollten nicht irgendwelche Staaten erobern, sie bedrohten die gültige Gesellschaftsordnung. Vincenzo Righini scheint von dem Aufbegehren, von den politischen Veränderungen nichts oder nur wenig gespürt zu haben. Vielleicht waren sie ihm, wie für manch anderen Höfling, bloß Stoff für angeregte Konversation, für ein amüsiertes Lächeln.

Im nahen Frankreich überschlugen sich die Ereignisse. Am 10. August 1792 wurde der französische König Louis XVI. Gestürzt, am 21. September die Republik ausgerufen. Französische Revolutionstruppen brachen unter General Adam Philippe Comte de Custine (1740 - 1793) zum *Kreuzzug für die Freiheit Europas* auf. Mitte Oktober standen die Truppen vor Mainz. Fürsterzbischof Friedrich Karl Joseph war längst geflohen. Am 21. Oktober 1792 wurde die Stadt von den Franzosen eingenommen. Schon zwei Tage nach der Kapitulation gründet sich in Mainz, nach französischem Vorbild, der Jakobinerclub: Die *Freunde der Freiheit und Gleichheit*. Die Mainzer sollten selbst über ihre weitere Zukunft entscheiden. Im November wird der alte Beamtenapparat durch eine *Allgemeine Administration* ersetzt. Frankfurt, das auch von den Franzosen besetzt war, konnten die alliierten deutschen Truppen am 2. Dezember zurückerobern. Weil die rheinische Bevölkerung träger reagiert als den Besatzern lieb gewesen ist, entscheidet der Nationalkonvent in Paris am 15. Dezember 1792, dass in den *befreiten Gebieten* zwangsweise die Demokratie eingeführt wird. Wahlen für einen Rheinisch-Deutschen Nationalkonvent werden zum 24. Februar 1793 angesetzt. Die Wähler sollen dabei einen Eid auf Volkssouveränität, Freiheit und Gleichheit leisten. Die preußische-hessische Armee rückt näher und näher. Ängste machten sich breit, was die Lust zur Wahl und zur Eidesleistung arg dämpft. Dennoch tritt am 17. März 1793 ein *Rheinisch-Deutscher-Nationalkonvent* im Mainzer Deutschhaus zusammen. Es werden *alle bisherigen angemaßten willkürliche Gewalten abgeschafft*. Während den Konvent eine neue *Allgemeinen Administration* beschäftigt, bereiten die deutschen Fürsten einen Angriff auf Mainz vor. Am 22./23. Juli 1793 übergeben die Franzosen die Stadt den preußischen Verbündeten.

Am 24. und 25. Juli verlassen die Besatzer Mainz. Die einst glänzende Residenzstadt liegt in Schutt und Asche. Goethe war aus Weimar als Beobachter des Kriegsgeschehens angereist. Auch Emmerich Josephs prachtvolles Komödienhaus wird bei den Kämpfen zerstört. Fast symbolhaft: Als am 1. Juli 1793 das Barockgebäude in Flammen aufging, stand die Komödie *Irrthum an allen Ecken* auf dem Spielplan.

Nach dem Sieg über die französischen Revolutionsarmeen fühlte sich Johann Franz Xaver Sterkel dem preußischen König solchermaßen zu Dank verpflichtet, dass er ein *Te Deum* komponiert und es Friedrich Wilhelm II. widmet. Als Fürsterzbischof Friedrich Karl Joseph von Erthal für kurze Zeit nach Mainz zurückkehrte, ernannte er am 18. November 1793 Sterkel zum Hofkapellmeister und damit zum Nachfolger Righinis. Im Dezember 1797 zog der Kurmainzer Hof endgültig nach Aschaffenburg.

Das Königliche Opernhaus zu Berlin. Im Volksmund „Koffer" genannt.

BERLIN UND WIEDER BOLOGNA

Berlin besaß mehr Glamour als das prächtige aber geistlich regierte Mainz. Hier spielte die Musik, wenigstens in der Regierungszeit - 1786 bis 1797 - Friedrich Wilhelms II. (1744 - 1797). Zwei Theaterhäuser gab es. Der König hatte Theophil Doebbelin (1727 - 1793) das Französische Komödienhaus am Gendarmenmarkt übergeben, das am 5. Dezember 1786, ausgestattet mit königlichen Subventionen, als Nationaltheater eröffnet wurde.

Neben Komödien und Tragödien konnte hier das deutsche Singspiel erblühen. Mit Bernhard Anselm Weber (1764 - 1821) erhielt die Bühne 1792 einen außergewöhnlich energischen Kapellmeister, dem das deutsche Singspiel und die Opern von Gluck und Mozart Herzenssache gewesen sind.

Die 1786 bis 1787 umgebaute Lindenoper diente Werken in italienischer Manier, für die Johann Friedrich Reichardt (1752 -

1814) zuständig war. Friedrich Wilhelm II., Kurfürst von Brandenburg und König von Preußen, beschäftigte ein Orchester mit sechsundsechzig Musikern, gerühmte Gesangssolisten und einen Opernchor von etwa fünfzig Stimmen. Der König selbst spielte Violine, Gambe und Cello wie ein professioneller Instrumentalist und war ein *jeden Kunstgenuß liebender Mensch*. Außer Kunst war der Monarch noch anderem zugetan und die ganz flinken Mäuler bei Hofe wussten: *„Ein eifriger Jäger minderwertiger Schürzen."* Seine angetraute Elisabeth aus dem braunschweigischen Herzogshaus hatte die Flucht ergriffen: *„Ich will lieber trocken Brot essen, als länger mit meinem dicken Tölpel leben."* Noch im Scheidungsjahr 1769 heiratete Friedrich Wilhelm die Tochter des Landgrafen von Hessen-Darmstadt. Beide Ehen wurden mehr oder minder aus Staatsräson und Pflichtbewusstsein geschlossen. Der König war dem zeitüblichen Trost aufgeschlossen. Er lachte sich Wilhelmine Enke, Tochter eines Trompeters, an. Um den Schein zu wahren, wurde die Angebetete mit dem Bratschisten Johann Friedrich Rietz verheiratet. Eine Angelegenheit von mehrfachem Nutzen; denn Musikus Rietz konnte mit hübschen Frauen wenig anfangen. Sein Sinn stand nach attraktiven Herren. So konnte das Paar verhältnismäßig ungetrübt sein Glück genießen. Fünf Kinder gingen aus der Verbindung hervor. König Friedrich Wilhelm II nobilitierte 1796 seine Wilhelmine zur Gräfin von Lichtenau. Die Liebesbeziehung zwischen Monarch und Musikertochter hielt allen Anfeindungen stand. Ein gemeinsames Faible verband Wilhelmine und König:

Italienische Musik und Oper. Beide mögen aufgehorcht haben, als Hofpoet Antonio de' Filistri da Caramondani den Namen Vincenzo Righini erwähnte und den Dreh- und Angelpunkt Wien nannte. Auch Filistri hatte dort gelebt. Der Italiener aus Kurmainz wurde nach Berlin beordert, damit er mit dem Hofpoeten einen Opernstoff durchspreche. Mit dem Kompositionsauftrag für *Enea nel Lazio* in der Tasche reiste Righini im Frühjahr 1792 nach Mainz zurück. Sicher half bei der Wahl des Komponisten die schon erwähnte Koblenzer Aufführung des *Alcide al bivio* am 26. Juli 1792, die ja zu Ehren des preußischen Königs stattfand.

Das Heroendrama um den trojanischen Helden Äneas [Enea] schlug ein. Der Erfolg führte unmittelbar zum Engagement am preußischen Hof. Die Anstellungsurkunde ist mit dem 8. März 1793 datiert und in Abschrift erhalten. Der König spricht von den Talentbeweisen Righinis in Berlin und wünscht, der Künstler möge sich der Verschönerung seiner Schauspiele widmen.

Entzückt kündigt der König mit den zeitüblichen Schnörkeln an, er nehme den Komponisten auf und zahle ihm für Kapellmeister-Dienste eine jährliche Entlohnung von 4000 Thalern. Deutlich wird die Begeisterung des Königs durch den Satz: *„Ich bitte Gott, er möge Sie in seiner heiligen, würdigen Obhut behalten."* Mit dem neuen Kapellmeister wechselten zugleich zwei hochkarätige Solisten von Mainz nach Berlin: die Sopranistin Margarethe Schick und ihr Mann der Geiger Ernst Schick.

Für Vincenzo Righini ergab sich eine Konstellation, die von Ferne mit jener in Ehrenbreitstein verwandt gewesen ist. Offiziell war der italienische Komponist Nachfolger seines Landsmannes Felice Alessandri (1747 - 1798), des zweiten Kapellmeisters, doch war es auch im Sinne des Königs, dass Righini die Nummer eins spielte. Bei Righinis Ankunft hatte Johann Friedrich Reichardt (1752 - 1814) den Posten des Ersten Hofkapellmeister inne. Doch das bereits nur noch dem Namen nach. Johann Friedrich Reichardt war ein Mensch von vorzüglicher Bildung, der zwischen Journalismus, Dichtung und Musik, Naivität und Durchtriebenheit, Menschenhass und Menschenliebe herumtanzte. Am 28. Oktober 1794 ließ ihm der König mitteilen: *„... Unser allergnädigster Herr Erteilen hiemit dem Kapellmeister Reichardt den Abschied; dessen bekanntes Betragen, besonders in Hamburg ist die Haupt-Veranlassung dazu."* Der politisierende Journalist im Komponisten hatte sich zu weit aus dem Fenster gelehnt. Aus seiner Begeisterung für die Französische Revolution machte er keinen Hehl, obwohl er seinen König tatsächlich verehrte. Doch Reichardts Feder giftete: *„Was auch die strengen Moralisten und eifrigen Königsfreunde gegen die Französische Revolution überhaupt vorbringen mögen - sie war unvermeidlich."* Der Kapellmeister verließ tief betroffen die Hauptstadt und übersiedelte nach Giebichenstein bei Halle, wo er seit dem 4. Juli 1794 ein Gut besaß. Nun lebte er *fortan sich selbst*. Giebichenstein entwickelte Reichardt zur *Herberge der Romantik*. Hier verkehrten Achim von Arnim, Brentano, Tieck (Reichardts Schwager), die Brüder Grimm, Fichte, Schleiermacher, Goethe, Jean Paul, Novalis, Schlegel, und viele andere. Reichardt revidierte seine

Haltung. 1796 wurde er begnadigt und zum Salinendirektor in Halle ernannt.

Viele Mitglieder der Hofmusik dürften Reichardts Rauswurf begrüßt haben. Wegen seiner überheblichen Art wütete ein Dauerstreit zwischen ihm und dem Orchesterpersonal. Zu den Erfreuten gehörte sicher Vincenzo Righini. War er doch nun ohne große Mühe einen Mitkapellmeister, einen Rivalen, los.

Reichardt hielt alles für eine Verschwörung, oder wollte es dafür halten, wie ein Brief an den Kronprinz zeigt. Er beklagt sich, dass er *endlich durch Capellmeister Righini vierzehn Tage vor Empfang des Abschieds auf Kgl. Befehl gemeldet wurde, daß eine Oper von mir die erste im bevorstehenden Carnevale sein sollte; daß auch meine Feinde schon acht Tage vor dem Datum meines Abschieds laut davon gesprochen haben; so erhellet daraus, daß ich auf eine veranstaltete Denunziation auf eine so harte Weise verurteilt worden bin.*

Als Reichardt sich *Über die Schändlichkeit der Angeberei* im Jahre 1795 auslässt, ist auch ein Seitenhieb auf Righini darin, *der die Klugheit hatte auf dem doppelten Gehalt zu bestehen*. Der italienische Musiker bekam 4000 Gulden Gehalt, Reichardt die Hälfte. Namen und Vorkommnisse werden natürlich nicht näher kenntlich gemacht. Sie sind nur zu erahnen.

1794 ging Righini eine zweite Ehe ein. Er heiratete die Sopranistin Rosine (als Sängerin gab sie sich den Vornamen Henriette) Eleonore Elisabeth Kneisel, 1767 in Stettin geboren. Sie war die Tochter eines Flötisten und einer Schauspielerin. Die Mutter unterrichtete die begabte Tochter, die schon als Jugendliche - im Jahre 1782 - in Berlin ihre Bühnenlaufbahn begann. Sie war Mitglied der berühmten Großmannschen Truppe, sang in Hannover, in Mainz und hatte als *schöne Müllerin* in Giovanni Paisiellos (1740 - 1816) *La molinara* am 27. Juli 1793 in Frankfurt überwältigenden Erfolg. Die Sängerin absolvierte eine große Tournee und bereiste auch England. Der Abstecher zur Insel war eine Pflichtübung für jeden Opernstar, auch für jeden werdenden Opernstar.

Wieder zurück in Berlin wurde sie an die Hofoper als Primadonna engagiert. Wann sich das Paar kennenlernte, lässt sich nicht nachvollziehen. Vielleicht gab es bei den ausgedehnten Reisen der Sängerin schon irgendwo ein erstes, flüchtiges Treffen.

Righini zog 1795 mit seiner Familie nach Potsdam. Mit *tout ma familles* sind wohl auch die beiden Kinder aus erster Ehe gemeint. Schon jetzt deutet sich an, was dem Musiker später sehr zu schaffen machen wird: seine angeschlagene Gesundheit. Denn die Wahl des Wohnortes geschah vor allem wegen der *guten Luft*, die seiner *Gesundheit zuträglich* sei. Vincenzo Righini und Henriette Kneisel hatten zwei Kinder. 1795 kam Marianna zur Welt und 1796 Guglielma. Ein seltsamer Schnitzer passierte Righini bei Gugliemas Geburt. Das Ehepaar Righini suchte eine enge Bindung mit Geheimkämmerer von der Ritz. Ein Mann, dem als Ränkeschmied ein ausgesprochen guter Ruf vorauseilte. Ritz hatte sich offenbar bereit erklärt, die Patenschaft für das Kind zu übernehmen. Aufgeregt schreibt Righini am 19. Mai 1796 ein Briefchen an von der Ritz. Darin teilt er dem Geheimkämmerer mit, dass seine *Frau heute vormittag gegen die Mittagsstunde glücklich von einem Jungen entbunden wurde (...que ma femme es accouché ce matin vers midi très heureusement d'garcon...).* In späteren Briefen wird der Bub zum Mädchen korrigiert.

Es ist heute fast unangenehm, wie sehr das Ehepaar Righini die Nähe des Geheimkämmerers suchte, der Vorgesetzter Righinis gewesen ist. Selbst mit dienstlichen Lappalien wendete sich der Kapellmeister an ihn. Aus nichtigem Anlass kam es im Oktober 1796 zu einem handfesten Probenkrach. Eigentlich ist das auch damals theatralische Folklore gewesen und wurde, so schnell wie der Streit, aufglühte, wieder vergessen. Doch Righini wendet sich an den Paten seiner Tochter. *Bei meiner Zurückkunft nach Hause fandt ich einen Brief vom Inspecteur Koch, in welcher er mir über ein Wort, welches ich vielleicht in der Hitze und aus allzugroßem Eifer für den Dinst Seiner Majestät soll gesagt haben, die ihm dadurch zugefügte Beleidigung eben nicht sehr höflich zu verstehen gab. Dieses Wort besteht darinnen, daß ich ihm sagte, daß Raisonniren könte für nichts Nützen. Er fand sich so sehr da durch beleidigt, daß er mich so lange für daß (nehmlich einen Raisonneur) halten würde bis ich ihm eines anderen beweisen würde.*

Da her geht also an Euer Wohlgeboren meine Gehorsamste Bitte mir Gefälligst mit Ihrem wohlmeinenden Rath an handen zu geben, oder diese Streitsache nach Ihrem eigenen gut befinden zu schlichten, welches ich um so mehr wünsch-

te, wenn es änderst eher Nachtheil Ihrer mir seither erzeigten Gunst und wohl gewogenheit gereichen kann.

Einen Monat später erhält von der Ritz etwas dickere Post. Denn *überschikke Ihnen so gleich hiermit den Saamen von verschiedenen Melonen und die explication von dem Gebrauch.* Sicher ist der Eindruck nicht völlig falsch, dass der Hofkapellmeister versuchte nach oben zu buckeln und nach unten zu treten, was in unserem Jahrhundert schlicht Rad fahren genannt wird. Vielleicht lag das an den Berliner Kampfarten um die Gunst des Hofes und des Monarchen. Eindeutig stieg man hier mit entschieden härteren Bandagen in den Ring als in Mainz, Koblenz oder Bonn. Da mag ein Rückhalt bietender Trainer ziemlich nützlich gewesen sein.

Noch ein anderer, den Righini nicht unbedingt als Nebenbuhler empfand, tummelte sich um das Wohlwollen des Geheimkämmerers von der Ritz: Friedrich Heinrich Himmel (1765 - 1814). Schon 1786 hatte Friedrich Wilhelm II den jungen Klaviervirtuosen gehört und setzte begeistert ein Jahresgehalt aus,. Der begabte Pianist sollte sich weiterbilden. 1795 wurde Himmel als Nachfolger von Johann Friedrich Reichardt eingestellt. Sein unerfreuliches Charakterbild stammt aus dem Brief eines Oberstallmeisters vom 14. Dezember 1797. *Die ganze Lebensart des Kapellmeisters Himmel in Potsdam war allgemein bekannt, aus Liederlichkeit und Trunk zusammengesetzt, wozu er in höchstem Grade brutal und naseweise war, und nur die Intimität mit dem Geh. Kämmerer, mit dem er beständig war, konnte ihn erhalten.* Eine andere Stimme ist nicht freundlicher. Sie nennt Himmel einen *teils trunkenen, teils verrückten Menschen.* Vor allem bestimmten Konflikte mit dem Oberintendanten Jean Pierre Duport (1741 - 1818) Himmels Tätigkeit. Der Cellist und Komponist Duport war bereits von Friedrich dem Großen nach Berlin gerufen worden. Duport gab dem Kronprinzen Cello-Unterricht. Kurz nach der Thronbesteigung 1786, ernannte der einstige Schüler seinen Lehrer Duport zum Oberintendanten. *„Günstling"* zischelten Reichardt wie Himmel im Duett. Ansonsten waren sich die beiden Musiker herzlich übel gesonnen.

Nicht unerfreulich für Righini, dass der Bohemien Himmel immer wieder um Urlaub für Konzertreisen nachsuchte. Die Gastspiele sind ihm eine dringende Notwendigkeiten gewesen; denn Himmel hatte alpenhafte Schuldenberge angehäuft. Mit den Honoraren wollte er seine Gläubiger auszahlen, was ihm äußerst selten gelang.

Righinis Deutsch scheint nicht sonderlich flüssig gewesen zu sein. Denn Briefe in dieser Sprache sind in der Regel von fremder Hand geschrieben. Einzig die Unterschrift setzte er darunter. Dass mag mit ein Grund gewesen sein, warum er sich nur im engeren, höfischen Kreis aufhielt.

In den berühmten Berliner Salons, die gerade in ihrer Blüte standen, wurde über Righini in sehr beschränkter Weise geredet, aber nicht mit ihm. Sicher konnte er mit den Fortschrittsgeistern der Salons wenig anfangen. Das Denken des Vielbeschäftigten kreiste um Musik, um Oper und um Gunstbeweise des Königs.

Doch selbst die aufgeklärtesten Fortschrittsgeister sind nicht frei von Neugier und Schwatzsucht. In den Salons schien das Ratschen über Rahel Varnhagen, die sich während einer Righini-Oper in einen preußischen Junker verguckt hatte, interessanter als eine Diskussion über das Schaffen des Komponisten.

Die intrigante, kunstsinnige und locker gesittete Idylle endet mit dem Tod Friedrich Wilhelms II. Sein ungeliebter Sohn wird am 16. November 1797 zum König ausgerufen. Eine der ersten, die Friedrich Wilhelms III. harte Hand erlitt, war Gräfin von Lichtenau. Unredliches konnte ihr nicht vorgeworfen werden. Dennoch wurde sie einen Tag nach der Thronbesteigung festgenommen. Der einstigen Geliebten des Vaters wird ein Prozess gemacht, dessen Ausgang schon vorher feststand. Drei Jahr lang wird Gräfin Wilhelmine von Lichtenau interniert.

Des neuen Königs Erbe ist nicht einfach gewesen. Die Kosten für die Hofhaltung hatten sich in der Regentschaft seines Vaters verdoppelt. Kriege leerten die Kassen und schon seit 1794 musste die Regierung Anleihen aufnehmen. Friedrich Wilhelm III. will Sparkurs fahren. Ihm kam die Hoftrauer wegen seines verstorbenen Vaters sicherlich recht. So konnten in der Karnevalsaison 1798 keine Opern gegeben werden. Ein Jahr später setzt er seine Sparpläne konkreter um. Friedrich Wilhelm III. erteilt die Anweisung, dass nur Stücke auf die Bühne sollen, die keine neuen Dekorationen und Kostüme erfordern. Das Sparen bekommt auch der Hofkapellmeister zu spüren. Am 24. April 1798 lässt der König mitteilen, dass er am *Salerien-Etat des Department des Spectacles* gesehen habe, Righini bekomme ein Gehalt von 4000 Thalern und seine Frau 1200 Thaler. Und weiter: „*So ungern ich mich auch entschließe, die Zufriedenheit irgend jemandes zu stören, so nötiget mich dennoch das Wohl des Staates zu billigen Einschränkungen zu schreiten.*" Fortan solle er sich mit 1500 Thalern begnügen, während seine Frau ihr Honorar ungeschmälert erhält. Der König betont, dass er beide auch fernerhin in seinen Diensten behalten möchte. Righini unterwirft sich und teilt mit, er *lege großen Wert auf die Ehre, die Dienste für Eure Majestät fortzusetzen*. Außerdem erklärt der Hofkapellmeister er *füge sich sehr respektvoll der Verringerung meiner alten Entlohnung*. Doch wolle er wenigstens mit den Orchestermitgliedern gleichgestellt sein. Der König lehnt ab, Righini verfolgte mit der ihm eigenen Zähigkeit und Unterwürfigkeit, selbst Kriecherei, seine Gehaltssache unnachgiebig mehrere Jahre weiter.

Nicht nur das. Seine Frau und er nutzten ihren guten Ruf und gastierten 1798 in Hamburg. Bereits ein Jahr zuvor sang Henriette Righini-Kneisel erfolgreich in der Stadt an der Alster. Die *Allgemeine Musikalische Zeitung* berichtete von den Auftritten und machte deutlich, dass Henriette Righini eine Sängerin von solidem Können gewesen ist, der jedoch mancher Glanz fehlte. Sie verfüge in der Höhe nicht über die Leichtigkeit der Louise Marie Antonie Lange (Mozarts Schwägerin) und den kraftvollen Ausdruck einer Margarethe Schick könne man bei ihr nicht hören. Möglich, dass auch ihre Stimme - ähnlich wie bei ihrem Mann in seiner Tenoristen-Zeit - nicht frei von Mängeln gewesen ist. Häufig musste sie sich in Berlin vertreten lassen. Die in Gesuchen geschilderten Krankheitsbilder lassen vermuten, dass sie an einer chronischen Erkrankung der Atemwege litt. Mehr kann den vagen Beschreibungen nicht entnommen werden. Trotzdem: Der Erfolg in Norddeutschland führte zum Wunsch, die Sängerin auch in der Saison 1799/1800 in Hamburg zu haben.

Dagegen opponierte Righini. Ihm behagte es nicht, dass die vier Kinder von Hausangestellten betreut werden sollten. Er selbst konnte sich während der Spielzeit kaum um den Nachwuchs kümmern, weil *ihn seine eigenen Amtsgeschäfte öfter vom Hause entfernten.* Ernst Ludwig Gerber weiß: *"Es scheint also nach ihrer diesmaligen Rückkunft zur ernsten Sprache zwischen ihnen gekommen zu seyn, die aber eine so schlimme Wende nahm, dass sie sich mit der gänzlichen Scheidung endigte."*

Righinis Ehe war schon vordem nicht sonderlich glücklich. Aber von Scheidung kann die Rede wohl nicht sein, auch wenn später eine Geraune umging, Henriette und Vincenzo Righini hätten sich kurz vor ihrem Tod getrennt. Am 25. Januar 1801 teilte der Kapellmeister dem König mit: *"Meine Ehegemahlin endet in diesem Augenblick nach vielen Leiden ihr junges Leben."* Die Trauer über den Verlust der Ehefrau hielt sich eindeutig in engsten Grenzen. Righini verbindet die Mitteilung an den König über das Ableben seiner Frau mit seinen Gehaltswünschen. Plötzlich ist er weit weniger unterwürfig als sonst. Ob er wirklich alle versorgen musste, die er auflistete, sei dahin gestellt: „*Es sind nicht blos vier Kinder, die zu ihrer Erziehung mehr brauchen, als meine eigene herunter gesetzte Pension beträgt, ich habe auch die Eltern meiner Frau, die Verwandten meiner ersten Frau und meine Schwester mit Kindern zu bedenken. Im Vertrauen auf Euer Majestät höchste Gnade darf ich daher ehrfurchtsvoll allersubmissest bitten; mir die Pension welche durch den Tod meiner Frau vakant geworden, zu eigener Entschädigung meine Lebenszeit allergnädigst ferner lassen zu wollen."*

Der Bittsteller erhielt, *zu seiner Ermunterung,* rasch Antwort. Sein Gehalt wurde auf 2000 Thaler erhöht.

Was auffällig ist an der Berliner Zeit Righinis, Stockungen im Schaffensprozess, wie seinerzeit in Mainz bei der für Koblenz geschriebenen Oper *Alcide al bivio,* sind nicht zu beobachten. Righini schreibt Opern und Kantaten, manchmal eine eigenartige Mischung aus beidem, wenn es von ihm verlangt wird. Daneben entstehen kleine Instrumentalstücke, Arietten und Lieder. Offenbar funktionierte die Zusammenarbeit mit dem Librettisten Antonio de' Filistri da Caramondani verhältnismäßig ungetrübt.

Beide registrieren nicht, dass ihre italienische Kunst rundum von deutschen Musikern bedroht wird. Musikern, von denen einige ziemlich rabiat - etwa im Stile Mozarts *die Italiäner* oder *die Herren Feinde* - gegen ihre *welschen* Kollegen polemisieren und intrigieren. Wiederum sieht es auch aus, als wäre Righini solchermaßen mit dem höfischen und musikalischen Leben beschäftigt, dass die große Politik ringsum an ihm abgleitet. Zudem: anderes belastet den Musiker. Er ist krank und laboriert an einem Nieren- oder Blasenleiden herum.

1803 und 1804 gehören ihm und seinem Librettisten noch einmal die Berliner Opernbühne mit einem neuen Werk, einer Doppeloper. Das lässt rätseln. Vermutlich ist diese Oper in zwei Teilen - *Gerusalemme liberata* und *La selva incantata* - zum Karneval 1803 in einer Aufführung gegeben worden. Ein etwas ausführliches und verwirrendes Ereignis. Deshalb wurde *La selva incantata* von der ersten Oper getrennt, wohl auch umgestaltet, und ein Jahr später als einzelnes, neues Werk vorgestellt.

Überstürzt reiste Righini im Dezember 1803 zu einem befreundeten Arzt nach Bamberg. Das Urlaubsgesuch wird nachgereicht, der König nimmt es wohlwollend zur Kenntnis. Des Bambergers Künste reichten nicht. Er gibt seinem Patienten den Tipp, sich in warmen italienischen Bädern zu kurieren. Righini bricht im Februar 1804 nach Italien auf. Die Reisekasse besserte er mit Konzerten in Leipzig und Wien auf. An seiner Seite ist nun seine Schülerin Therese Wilhelmina Fischer (1785 - ?), die Tochter des berühmten Bassisten Ludwig Fischer (1745 - 1825). Der gebürtige Mainzer war Sohn eines Mehlhändlers und sang zunächst im Knabenchor des Mainzer Jesuitenkollegs. 1768 wurde er Mitglied der Mannheimer Hofkapelle und Schüler des berühmtesten deutschen Tenors seiner Zeit Anton Raaf (1714 - 1797), der noch im Alter von 67 Jahren die Titelpartie in Mozarts *Idomeneo* sang. Fischer machte eine glänzende Karriere. Mozart schrieb ihm die

Rolle des *Osmin* auf die Stimmbänder und Fischer brillierte damit in der denkwürdigen Uraufführung der *Entführung aus dem Serail* am 16. Juli 1782. Er wurde 1788 auf Lebenszeit nach Berlin engagiert. Gastspiele führten ihn kreuz und quer durch Europa. Erst 1815 setzte sich der Sänger zur Ruhe.

Eine Anmerkung für Mainzer und Kurmainzer Lokalpatrioten: 1802 komponierte der Sänger Ludwig Fischer ein Trinklied, ohne das die Mainzer Fastnacht bis heute nicht auskommt: *Im tiefen Keller sitz' ich hier.*

Sängerin Therese Fischer gefällt den Leipzigern, die Wiener sind nicht minder von ihr entzückt und *man versucht es, sie für das hiesige Theater zu engagiren, aber ihr Lehrer, Hr. Righini, will, dass sie vorher noch Italien besuche, und dort in dem Vaterland der Musik ihre Bildung aufs Höchste bringe.*

Das ungleiche Paar zog weiter. Righini hoffte, eine Oper für Venedig zu schreiben. Doch zunächst besucht er seine Geburtsstadt Bologna. Die Opernpläne zerschlagen sich. Seine Arbeit ist zu deutsch, zu gelehrt, zu weit weg vom gegenwärtigen italienischen Modegeschmack. Auch Therese Fischer beeindruckt das italienische Publikum zunächst nicht so, wie es sich das Paar gewünscht hatte. Dann trösteten in Venedig einige Erfolge, die Sängerin und Komponist gleichermaßen einheimsen konnten.

Aber wirklich förderlich ist das bisher Geschehene für keine der beiden Karrieren. Anfang 1805 reist das Paar nach Neapel. Hier stellt sich für die Sängerin endlich ein, was sie lange ersehnte. *Therese Fischer ist für das große Theater San Carlo auf ein*

Jahr als Prima donna mit 3000 Ducati (welches nach unserem Gelde ohngefähr 3500 Thaler ausmacht) engagiert worden.

Für Vincenzo Righini wurden die Tage in Neapel traurig. Seine Krankheit meldete sich wieder zurück und die junge, aufstrebende Therese Fischer braucht ihn nicht mehr. Sie war jetzt dort, wo sie hin wollte. Irritierend: Auch dieses Frauenleben an Righinis Seite huscht davon ins Nirgendwo. Therese Wilhelmina Fischer stand im Rampenlicht wie ihre Vorgängerinnen Maria Anna Lehritter und Henriette Eleonore Elisabeth Kneisel, doch dürftig ist, was wir von ihrem Lebensweg und ihrem Ende wissen. 1808 sang sie in Wien unter Antonio Salieris Leitung den Sopranpart in Joseph Haydns Oratorium *Die Schöpfung*. Der greise Komponist weilte gerührt unter den Hörern. 1811 gibt sie in Berlin mit ihrem Vater mehrere Konzerte. Danach verliert sich ihre Spur. Righini musste in aller Eile Neapel verlassen und zurück nach Berlin. Der gewährte Urlaub war lange abgelaufen. Im Dezember 1805 kommt er in Berlin an. Schnell kehrte seine alte Tatkraft zurück. Er schreibt deutsche und italienische Gesänge, verhandelt mit Verlegern und erweist dabei seine Geschäftstüchtigkeit. Einige Sachen veröffentlicht er auch im Selbstverlag. Er ärgert sich über den zweiten Kapellmeister Friedrich Heinrich Himmel, dem während seiner Abwesenheit die Besoldung erhöht wurde. Zwar verdiente Righini immer noch mehr als Himmel, doch einen Vorstoß wollte er wagen. Der König wies den Bittsteller ziemlich ungnädig ab.

Nun muss Righini die politischen Ereignisse zur Kenntnis nehmen. König Friedrich Wilhelm III. verlangte von den Franzosen, dass sie die besetzten, rechtsrheinischen Gebiete räumen und tritt damit den Vierten Koalitionskrieg los. In Jena und Auerstädt besiegen die Franzosen das preußisch-sächsische Heer. Ein Maueranschlag verkündet den Untertanen lapidar: *„Der König hat eine Bataille verlohren. Jetzt ist Ruhe die erste Buergerpflicht. Ich fordere die Einwohner Berlins dazu auf. Der Koenig und seine Brueder leben! Berlin, den 17. Oktober 1806. Graf v. d. Schulenburg."* Der Fall Berlins ist nur eine Frage der Zeit. Ein Berliner Arzt führte über die Geschehnisse Tagebuch: *„19. Oktober 1806 - Erfuhr eine unangenehme Nachricht, dass das Korps des Prinzen Eugen von den Franzosen geschlagen sei und dass die Franzosen nun selbst bald in Berlin sein würden. Alle Menschen sind in Ängsten und mehrere flüchten."* Der Mediziner notiert am 25. Oktober: *„Heute sind an 20 000 Franzosen hierher gekommen, einige davon sind hiergeblieben, die meisten nach Oranienburg marschiert."* Der Tagebuchschreiber tröstet sich in gut preußischer Manier, mit der Anerkennung militärischer Leistungen: *„26. Oktober 1806 ... Seit gestern ist mir aller Mut gesunken und es ist traurig, dass Preußen so gedemüdigt wird. Mein einziger Trost ist, dass die Franzosen mutige Krieger sind und dass uns ein großer Held und erfahrener Krieger überwunden hat."*

Die traditionelle Opernspielzeit im Karneval fällt 1806/1807 natürlich aus. Das Königspaar ist auf der Flucht. Inmitten der

Wirren gab es am 14. Januar 1807 eine konzertante Aufführung von *La selva incantata* und am 28. Januar Ausschnitte aus *Gerusalemme liberata*, beide Darbietungen standen unter der Leitung des Komponisten.

Krieg und Besatzung beschleunigten, was sich zuvor schon sachte andeutete und was die *Allgemeine Musikalische Zeitung Leipzig* im Dezember 1807 auf diesen Nenner brachte: *„Die italiänische grosse Oper, hat zwar, wie wir schon aus andern Blättern wissen, aufgehört; wir werden aber dafür hinlänglich Ersatz durch die Darstellung deutscher grosser Opern im herrlichen (italiänischen) Opernhause haben, welches nebst dem Balletpersonale, den Dekorationen und der Garderobe, der Direction des Königl. National-Theaters untergeordnet worden ist. Wie es mit der Kapelle wird, ist noch immer nicht entschieden. Der grösste Theil bleibt vermuthlich, und lässt sich die nötige Reduction gefallen. So behalten wir auch zu unsrer Freude gewiss unsern wackern Righini, und erwarten übrigens von der Thätigkeit und dem Eifer des Kapellmeister* [Bernhard Anselm] *Weber möglichste Vervollkommnung der deutschen Oper, wozu er allerdings schon sehr vieles durch die sorgsame Aufstellung Gluckscher Musik thut."*

Righini wird sehr wohl gefühlt haben, dass die große Zeit der italienischen Oper vorüber und er nur noch eine Marionette im großen Spiel um Kompositionsaufträge und um Aufführungen war. Seine Schülerinnen und Schüler sorgten dafür, dass Righinische Musik nicht völlig unterging. Sie nahmen die Glanzstücke aus seinen Opern in ihre Konzertprogramme auf. Die Musikzeitungen stimmen sich, den Anschauungen Friedrich Wilhelm III. folgend, mit noch aggressiveren Tönen vaterländisch ein: *"Und warum noch länger dem Auslande fröhnen, da wir Dichter und Componisten, Sänger und Schauspieler haben, die viele Ausländer übertreffen."*

Noch einmal macht der Komponist von sich Reden. Zur Rückkehr des geflüchteten Königspaares, 23. Dezember 1809, komponierte Righini ein Te Deum. Es wird am 13. März 1810 zur *Nachfeyer des Geburtsfestes der Königin* im weißen Saal des Schlosses aufgeführt. Der Erfolg ist überwältigend und wird den Komponisten über manche Ungemach der jüngsten Zeit hinweg getröstet haben. Beeindruckend das Aufgebot: 172 Instrumentalisten und 300 Choristen stimmen das Werk an. Die Solopartien werden von wahrhaft erster Sängergarnitur gestaltet. Ein erstaunter Zeitungs-Korrespondent: *"So war nur eines zu bedauern - dass dieser so hohe Genuss, als man ihn nur haben konnte, blos eine halbe Stunde dauerte."* Geleitet wurde das Konzert nicht von Righini, sondern von Carl Friedrich Zelter (1758 - 1832), dem Leiter der Berliner Singakademie. Am 1. April 1810 wird das *Te Deum* noch ein zweites Mal aufgeführt und zwar zusammen mit der *Missa solemnis,* die Righini für die Krönung Leopold II. 1790 schrieb. Ein Rezensent ärgert sich über Righinis Orchesterleitung: *"Sie wurde von ihm selbst mit vieler Präzision, obgleich (wir glauben es wiederholen zu müssen) nicht mit gewünschter Ruhe, die ihm doch nichts störte, dirigirt."*

Schon in früheren Zeiten ging die Allgemeine Musikalische Zeitung mit dem Orchesterleiter Righini hart ins Gericht. Was über ein Konzert im Winter 1798/1799 geschrieben wurde, ist fast die Persiflage auf einen Dirigenten: *„Mit einer dicken Rolle und mit starken Schlägen bezeichnet Herr Righini, nicht bloß den Anfang und die Bewegung eines jeden Stückes; jedes forte, und bestand es auch nur aus einem Strich, bezeichnete er mit einem heftigen Schlage auf die Partitur oder den Rand des Pultes, jedes crescendo mit bis zum Unausstehlichen angewachsenen Schlägen, oft schlug er laut den Takt das ganze Stück hindurch."* Erstaunlicherweise wird der Komponist Righini von solch harscher Kritik immer ausgenommen, sie gilt einzig dem Orchesterleiter. Noch 1812 heißt es: *„Eine Ouvertüre von Righini war für uns eine neue und erfreuliche Erscheinung. Eine Frage: Warum wird von diesem geschätzten und sich so offenbar auszeichnenden Componisten auch nicht eine Oper auf unseren Bühnen aufgeführt?"*

Die Jahre 1809 und 1810 sind für Righini keine gute Zeit gewesen. Am 29. April 1809 starb die Sopranistin Margarethe Schick. Die am 27. April 1768 in Mainz geborene Sängerin *betrat zuerst als Lilla* [Francisco Martín y Soler (1754 - 1806)] *in der Oper dieses Namens, in ihrer Vaterstadt, vor 21 Jahren die Bühne, und kam 1793 mit ihrem Manne, damals ersten Violinisten der kurmainzischen Kapelle, in königliche Dienste. Seit sechs Monaten litt sie schmerzhaft und gefährlich, und nun, ungeachtet der fast vollendeten Heilung, starb sie plötzlich an einem Adersprung, in anderthalb Minuten.*

Righinis Sohn Fridericus Josephus Vincentus (geboren am 17. September 1789) kommt im Jahre 1810, vermutlich bei einem Reitunfall ums Leben. Das genaue Datum ist nicht zu ermitteln. Carl von Ledebur schreibt in seinem *Tonkünstler-Lexicon Berlins*: *„Seit jener Zeit nahm seine Gesundheit sichtlich ab."*

Will man Bettina von Arnim glauben, so blieb Righini seine Streitsucht erhalten. Am 4. November 1810 schreibt sie an Goethe: *„... Bam, sie fallen übereinander her und zanken sich aus: Zelter den Righini, dieser den Reichardt, dieser den Himmel und dieser wieder den Zelter; es könnte sich ein jeder selbst ausprüglen, so hätte er immer den anderen einen größeren Gefallen getan, als wenn er ihn zum Konzert eingeladen hätte, nur die Toten sollen sie mir ruhen lassen..."* Möglich, dass die Briefeschreiberin dabei auf ein ältere Publikation Reichardts anspielte, die sich *Modekomponisten* widmete und wo es heißt, Mozart habe *mitunter vortreffliche Sachen geschrieben*. Einmal in Glut feuert Reichardt eine Kanone ab: *„Aber das Gemozarte hat jetzt schier kein Ende. Man sehe nur die Konzerte, wie sich die Köpfchen der Damen wiegen, wie Mohnköpfe auf leichtem Stengel, wenn das poetisch unsinnige Ding gesungen wird:*

Mann und Weib und Weib und Mann (macht netto 4)
Reichen an die Gottheit an!!"

Es kann sein, das altes Gerede die Hand der Schreiberin führte. Denn es ist nicht nur stiller um Righini geworden, Righini selbst ist stiller geworden. Seine Krankheit verschlimmert sich. Vermutlich wird Righini in Berlin operiert. Die ungenaue Rede ist von einer *Steinoperation*. Erhoffte Linderung bleibt aus.

Die wenigen Unterlagen zeichnen das Bild eines schwer kranken Mannes, der älter ist als die 56 Jahre, die er zählt. Vincenzo Righini beschließt eine Reise nach Bologna. Er will sich dort von seinem Schwiegersohn Pietro Capelli behandeln lassen. Der Arzt war mit Guglielma, Righinis jüngster Tochter, verheiratet.

Resigniert und verbittert tritt Righini die Reise an. Finstere Ahnungen suchen ihn heim. Zu Bernhard Anselm Weber soll er gesagt haben: *„Mein Glaube ist, dass ich nicht wiederkehre, dann singen sie mir ein Requiem und Miserere."* Bei einer zweiten *Steinoperation,* vermutlich ist Schwiegersohn Pietro Capelli der Chirurg, starb Vincenzo Righini am 19. August 1812 in seiner Geburtsstadt Bologna.

Zu seinem Gedächtnis fand in der katholischen Kirche eine Todtenfeier statt, ebenso in der Sing-Akademie, obgleich er nicht deren Mitglied war, bei welcher Gelegenheit das Requiem seiner Composition gesungen ward. So Carl von Lebedur, der frühe Chronist Berliner Musikgeschichte.

Von einem unbekannten Autor gibt es ein *Missere per la morte di Vincenzo Righini fatto.* So wurde offenbar sein letzter Wille erfüllt. Das Requiem, vierstimmige Chorsätze auf Texte des Totenmesse, war 1810 für Königin Luise geschrieben worden. Kurz nach der *Nachfeyer* ihres Geburtstages, an dem Righinis *Te Deum* pompös aufgeführt wurde, starb die Monarchin am 19. Juli 1810.

Gewiss, zimperlich ist der Musiker bestimmt nicht gewesen. Doch was wissen wir heute wirklich von den Überlebenskämpfen an einem kurfürstlichen oder königlichen Hof? Dokumente lassen nur dumpf erahnen, wieviel Brutalität sich hinter Etikette, Rüschen und vorgeblicher Schöngeisterei verbarg.

Für die letzten Lebensjahre des Komponisten stimmt sicher, was im Nachruf der *Allgemeinen Musikalischen Zeitung* stand: *„Übrigens führte R. ein stilles, eingezogenes Leben, und hat wissentlich wol niemals Jemandem wehe gethan."*

Zum Werk

Vorbemerkung

Geschichte ist immer ein Produkt aus Zufällen. Die Heutigen müssen sich auf das verlassen, was überliefert wurde. Geschichte kämpft mit der Unachtsamkeit derer, die vor langer Zeit Dokumente achtlos vernichteten. Geschichte muss aber auch bittere Dinge zur Kenntnis nehmen. So ist beispielsweise vom Kurtrierer Kapellmeister Pietro Pompejo Sales nur ein Bruchteil seiner Produktion überliefert. Der Musiker hatte sich freiwillig verpflichtet, auf eine Publikation seiner Werke zu verzichten. Sie sollten einzig dem Kurfürsten gehören. Doch dessen Archive gingen während der deutsch-französischen Kriege in Flammen auf.

Mit Vincenzo Righinis Schaffen ist es nicht unähnlich. Vieles zerfledderte, manches schläft vielleicht in irgendwelchen Privatsammlungen oder Archiven vor sich hin. So sind einige seiner Opern nur noch in Bruchstücken oder als Klavierauszüge auffindbar. Ein Verzeichnis seiner Werke scheint gegenwärtig unmöglich.

Bei solcher Quellenlage ist es nicht wunderlich, dass Righinis Kirchenmusik sich auf einzig drei einwandfrei identifizierbare Kompositionen beschränkt. Allerdings sind die Kriterien von Konrad-Jürgen Kleinicke, der eine Zusammenstellung versuchte, sehr eng. Manches, was er als „*vermutlich echte Werke*" bezeichnet, könnte mit Fug und Recht für Righini beansprucht werden. Zumal er in seinen Ausführungen öfter nahelegt, dass mehr für die Autorenschaft Righinis spricht als dagegen. Aber, ist es die abgedroschene Ironie des Schicksals? Vincenzo Righini, Opernkomponist und Hofkapellmeister, schrieb seine wesentlichste Musik auf religiöse Texte. Erhalten hat sich davon offenbar nur ein Bruchteil oder dämmert, womöglich unerkannt, in Archiven dahin. Robert Eitner (Biographisch-bibliographisches Quellenlexikon der Musiker und der Musikgelehrten) hält die *Missa solemnis* des kurmainzischen Maestro di capella für „*eins seiner inhaltsreichsten, besten Werke.*"

Kirchenmusikalisches

"Man kann die Righinische Missa solemnis nicht mit der Beethovenschen messen, auch nicht mit Mozarts c-Moll-Messe. Aber unter den zeitgenössischen vielen Messen der Kleinmeister ragt sie weit hervor durch ihre saubere Faktur, die Geschlossenheit der Wirkung, die dankbaren Gesangspartien und den wahrhaft erhabenen und festlichen Klang. Man sagt viel, wenn man feststellt, daß es in dieser Messe ebenso wie in einer Ouvertüre oder Arie Righinis keine einzige leere Stelle gibt. Weder die Singstimmen noch die Instrumente werden überfordert. Es werden keine neuen Probleme gelöst. Righini bleibt beim Bewährten, aber er läßt es glänzen."

Adam Gottron

Missa solemnis (Krönungsmesse)

Diesen *Glanz* billigte man der *Missa solemnis* bis gegen Mitte des 19. Jahrhunderts zu. Die Messe war lange Zeit beliebt, dann entschwand sie dem Bewusstsein. Mindestens 90 Abschriften der Krönungsmesse *(Messa sollene composta per l'Incoronazione di S.M. l'Imperatore Leopoldo IIo)* sind in Archiven und Bibliotheken nachweisbar. Auffällig ist ein Anhäufen der Handschriften in Niederösterreich und Böhmen. Schon unmittelbar nach der Frankfurter Uraufführung wurden Gedenkexemplare für Gesandte kopiert. Vermutlich waren sie nicht als Souvenir gedacht, sondern als Grundlage für Aufführungen in den eigenen Hofkirchen. Auch in vielen geistlichen Institutionen sind Abschriften der Righinischen Messe.

Offenbar wurden die Partituren fürs Abschreiben auch verliehen. Ein Verlag sorgte ebenfalls für die Verbreitung des Werks: Breitkopf und Härtel. Dies nicht durch Drucke, obgleich sich der, schon 1719 gegründete Verlag, sehr früh mit Notendruck beschäftigte und zu dessen Verbesserung wesentlich beitrug, sondern ebenfalls durch handschriftliches Kopieren. Bedauerlicherweise sind über die Kopiatur des Verlages kaum Aussagen möglich. In einem Brief vom 7. März 2002 schreibt Dr. Andreas Sopart (Lektorat Breitkopf & Härtel) an den Autor: *„In unserem Verlagsarchiv haben sich Dokumente zu Publikationsvorgängen erst ab Ende des 19. Jahrhunderts erhalten. Bis auf wenige Ausnahmen betreffen die vorhandenen Kataloge und Unterlagen auch nur gedruckte Verlagsausgaben. Zu dem in der Frühzeit durchgeführten Musikhandel mit handschriftlichen Originalen beziehungsweise Abschriften lässt sich generell sagen, dass er im Gegensatz zum Druck kostengünstiger war. Eine Abschrift konnte - heute würde man sagen „on demand" - entsprechend der konkreten und in dieser Zeit enorm großen Nachfrage von professionellen Kopisten rasch hergestellt werden. So war Breitkopf in Europa eine der größten Institutionen zur Herstellung musikalischer Abschriften."* Trotzdem sind die Verlagsabschriften der Krönungsmesse äußerst selten. Ausleihen und abschreiben ist halt entschieden billiger gewesen. Ein Problem mit dem Verlage heute in anderer Weise zu kämpfen haben. Anderes kommt hinzu. Das beliebte Werk sollte wohl neugekleidet weiterleben. Viele Abschriften sind keine getreuen Kopien der Komposition. Seit Beginn des 19. Jahrhunderts versuchte man den Orchestersatz dem Zeitgeschmack anzupassen, fügte Flöten und Klarinetten hinzu. Für die Wiederaufführung der Krönungsmesse im Mai 2002 in Hofheim wird eine Handschrift verwendet, die aus der Kopiatur von Breitkopf & Härtel stammt. Sie stellt der eigentlichen Messe eine *Introduktion* voraus, die im Autograph Righinis fehlt. Es ist ein Grave von 20 Takten in der Haupttonart des Werkes. Die Introduktion endet in der Dominante damit sich die Kyrie-Anrufung in der Grundtonart nahtlos anfügt. Harmonisch ist das in Ordnung, der Takt klemmt. Unvermittelt ändert er sich von Vierviertel in Dreiviertel.

Für das Fehlen im Autograph mag es eine Erklärung geben, die auch über die zweite Aufführung etwas aussagen könnte. Am Wahltag (30. September 1790) erklang die Messe. Schon am 9. Oktober folgte die Krönung. Möglicherweise wurde aus zeremoniellen Gründen ein kurzes Musikstück benötigt. Righini schrieb es im allerletzten Augenblick. Für die damaligen Musiker eine gängige Praxis. So handhabte es Righini offenbar auch in Berlin bei einer Aufführung von Mozarts Oper *Idomeneo* 1806. Er fügte dem Chor *Idomeneo, godiam la pace* ein Miniaturkonzert für Oboe an. Eines Umbaus wegen, so heißt es wenigstens, mußte die Musik verlängert werden. Diese Gelegenheitskomposition wurde im Neudruck unlängst als *Idomeneus-Konzert* veröffentlicht. Die

Besetzung beider Stücke ist nahezu identisch: Streicher, Hörner und Solo-Oboe. In der Berliner Komposition ist noch eine zweite Oboe eingesetzt, doch sie füllt den Satz nur etwas auf und wird bei heutigen Aufführungen meist weggelassen. Die *Introduktion* zur *Missa solemnis* könnte auch rasch von einem anderen Musiker angefertigt worden sein. Righinis Satz ist üblicherweise belebter als es in diesem Stück der Fall ist. In dem kurzen *Grave* marschieren die Streicher ohne größere Aufgabe ziemlich stur vorwärts. Auch die harmonische Gestaltung ist von größter Schlichtheit. Righinis Harmonik ist sonst farbiger.

Die Besetzung der Erstaufführung ist exzellent gewesen. Die Leitung oblag dem Wiener kaiserlichen Kapellmeister Antonio Salieri (1750 - 1825), der eine Honorarliste anfertigte. Darin sind viele aber nicht alle Mitwirkenden genannt. Hörner, Trompeten und Pauke fehlen in der Aufzählung ebenso die zweite Oboe. Vermutlich waren Hoftrompeter, Hofpauker und Vertretungskräfte herangezogen worden, für die es sicher eine eigene - heute verschwundene - Honorarliste gab. Es heißt in Salieris Papier *li signori musici della cappella di Magonza, ed altri,* die Herren Musiker der Mainzer Kapelle und andere. Die unter *und andere* summierten lassen sich teilweise als kurtrierische Hofmusiker aus Koblenz-Ehrenbreitstein identifizieren. Ähnlich ist es mit den Vokalisten. Hier lässt sich vermuten, dass die ungeschulten Aushilfssängerinnen und -sänger eines zusammengewürfelten Chors (manche Herrschaften suchten ihre Dienerschaft nach Stimme und Musikalität aus; noch Albert Lortzing persifliert das in seiner

Opernprobe von 1851) von den Stars der Mainzer Hofkapelle geführt werden sollten. Denn in Salieris Aufstellung werden vier Soprane von Rang genannt. Die Mainzer Sopranistinnen Josepha Helmuth (1757 - 1798?), Margarethe Schick (1773 - 1809), der Kastrat Francesco Antonio Ceccarelli (1852? - 1814) und die kurtrierische Sängerin Johanna Margaretha Antoinetta Zuccarini (seit 1783 wird sie ihn Ehrenbreitstein als Hofsängerin 2. Klasse geführt). Bei den Altstimmen ist es ähnlich. Unter den Altistinnen auch Righinis Frau Anna Maria, geborene Lehritter (1768 - 1793?). Wer die Soli sang ist weder bei den Frauen- noch bei den Männerstimmen ersichtlich. An den Pulten - fünf erste und fünf zweite Geigen - saßen die Koryphäen der Kurmainzer Hofkapelle. Konzertmeister war Anton Georg Kreusser (1743 - 1810) der sich auch als Komponist hervortat. Ernst Schick (1756 - 1815) führte die zweiten Violinen. Antonio Salieris Honorarliste zeigt, dass die Bässe von zwei Fagotten verstärkt wurden, die in der Partitur nicht notiert sind. Dem Brauch der Zeit folgend verstärkten sie die Bässe.

Bewährtes, wie Adam Gottron es nennt, findet sich in der Krönungsmesse allerorten. Das *Christe* im *Kyrie* und das *Benedictus* im *Sanctus* werden schon seit dem 17. Jahrhundert meist für Vokalsolisten geschrieben und das Ende des *Glorias* und des *Credos,* ebenso wie das *Osanna* im *Sanctus,* als Fugen. Righini behält das bei, wie es auch seine berühmteren Zeitgenossen taten. Die Besetzung folgt Wiener Konvention. Wie schon erwähnt: Es fehlen Flöten und Klarinetten. Opernnähe sollte dadurch vermieden werden. Dennoch finden sich in der Krönungsmesse berauschende Prunk- und Prachtszenen, die den erfahrenen italienischen Opernkomponisten mit Sinn für Vordergründiges, für Rausch und Effekt verraten. Sie stehen in Kontrast zu zarten, liedhaften Melodien, die schon die Romantik erahnen lassen.

Kyrie

Der erste Satz ist dreigeteilt, wie es der Text vorgibt: *Kyrie eleison - Christe eleison - Kyrie eleison*. Schon hier wird deutlich, dass Righini zwar die Farben der Instrumente hell aufleuchten lässt, etwa wenn sich zu Beginn im fünften Takt die ersten Geigen dramatisch aufschwingen um schnell wieder in sich zusammenzubrechen, aber das Orchester ist immer Diener des Gesanges. Nach dem die Instrumente der menschlichen Stimme den Weg bereiteten, setzt der Chor in Akkordblöcken ein. Dem *Christe eleison* gibt Righini eine spezielle Klangfarbe: Zunächst schweigen die Geigen. Einzig die Violen und Bläser sind zu hören. Erst wenn sich der Solosoprans empor schwingt, wird er von den ersten Geigen gestützt.

Gloria

Dem Komponisten ist der Beginn des *Gloria* Anlass für imperialen Glanz und Pomp. Pauken und Trompetengeschmetter gelten eher dem weltlichen als dem himmlischen Herrscher. Merkwürdig bricht die Musik nach dem Jubel *Gloria in excelsis Dei* in sich zusammen. Ohne Gedrechsel kann man sagen, dass hier der Komponist seine Schuldigkeit getan hat und sein *gebt dem*

Kaiser, was des Kaisers ist gesprochen hat. *Et in terra pax* ist es, was die Normalsterblichen angeht und wünschen. Fast fahl hebt sich diese Musik vom einleitenden Jubel ab. Der Solobass wirkt als Vorsänger, der Chor antwortet. Nach diesen verinnerlichten Momenten greift Righini beim *Laudamus te* wieder auf Fanfarenklänge des Beginns zurück.

Die *Berlinische Musikalische Zeitung* schreibt über eine Aufführung in Leipzig; *„Die Concerte nahmen den 15. Januar [1805] wieder ihren Anfang. Es war die große herrliche Missa von Righini, nämlich Kyrie und Christe eleison, Gloria und Credo im ersten, das Uebrige im andern Theil gegeben. Das Credo und Agnus Dei waren mir neu. Erhabenes Feuer und tiefrührender Ausdruck, nebst dem prachtvollsten Glanze der Instrumentalmusik, erfüllten mich mit Bewunderung und Ehrfurcht. Vielleicht aber war das Dona nobis pacem nach dem Sinn der Worte zu rauschend."*

Im gleichen Jahr, am 27. Oktober, wird in einem Kirchenkonzert das Credo aus der Krönungsmesse gegeben. Der Rezensent schreibt: *„Sanft beginnt es, und besonders rührend ist das Incarnatus est mit konzertirender Hoboe behandelt, worin der Tenor Solo hat. Mächtig und kraftvoll erhebt sich darauf im Chor das Et resurexit. Eine lebhafte wenn gleich nicht strenge Fuge schließt das im Gesange und in der fein nuancirten Instrumentalbegleitung meisterhaft herrlich gearbeitete Ganze."*

CREDO

Was bei Righinis Musik immer wieder staunend macht, sind scheinbare Vorgriffe auf Romantik. Auch der Beginn des Credos in seiner Schlichtheit gehört in diese Kategorie. Eine Solo-Oboe, wieder lässt staunen, wie oft der Komponist dieses Instrument einsetzt, führt zum Et incarnatus est. Sie umspielt, wie schon der Rezensent aus dem frühen 19. Jahrhundert ausführte, den Tenor. Was folgt ist in großer Schlichtheit gehalten. In der Schilderung der Kreuzigung vermeidet Righini jeglichen Theaterdonner. Drei Orchesterschläge verkünden dann: Et ressurexit. Das Credo endet mit einer kunstvollen Fuge (Et vitam), die vielleicht auf Padre Martinis Schulung zurück geführt werden kann

SANCTUS - BENEDICTUS

Von eigenwilliger und sehr knapper Form ist das Sanctus. Fast scheint es, als würden die einleitenden Bläser zur Jagd rufen. Kurz das *Pleni sunt coeli* dem das Osanna als Fugato folgt. Das *Benedictus* wird, wies es der Brauch ist, von den Solisten gesungen. Hier gibt es Momente des schwächeren Righinis.Die Echoantworten der Bläser auf die Gesangsstimmen wirken etwas leer. Im wahrsten Wortsinn verblasen. Doch dann wird das schöne Osanna-Fugato wiederholt und entschädigt.

AGNUS DEI - DONA NOBIS PACEM

Für das *Agnus Dei* fand Righini eine verblüffende Melodie. Was Oboe und Streicher zunächst vortragen, erinnert an französische Chansons des 20. Jahrhunderts. Der Bass ist zunächst Vorsänger, dann setzt kurz der Chor ein. Angekündigt wird er, auch das ist eine heftige Überraschung, von drei Akkordschlägen in voller Orchesterbesetzung. Hernach übernimmt der Tenor die Vorsängerrolle. Nach dem zweiten, kurzen Miserere-Ruf des Chors spinnt das Solistenquartett die Melodie weiter. as *Agnus Dei* übernimmt, wie es üblich war, die Musik des *Christe Eleison*. Gegen Ende nimmt Righini, wohl um eine einheitliche Färbung herzustellen, den Prunk des *Glorias* wieder auf.

„Für eine meiner kirchlichen Kompositionen" erhält Righini erst am 19. Februar 1793 sein Honorar. Antonio Salieri übergab es seinem Kollegen in Frankfurt.

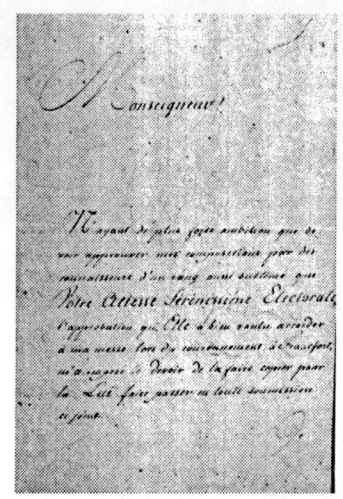

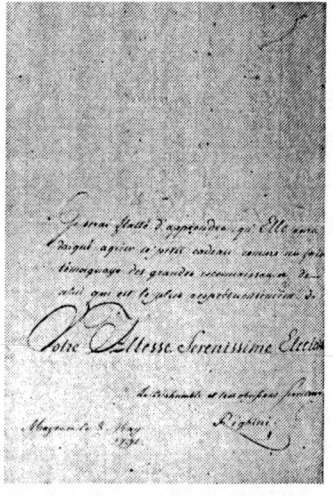

Am 8. Mai 1791 schickt Righini eine Kopie seiner Missa solemnis an den Fürsterzbischof von Kurtrier. Die Messe habe dem Fürsten in Frankfurt gefallen heißt es darin. Das Verhältnis zwischen Righini und Empfänger ist kühler geworden.
(Staatsarchiv Koblenz)

Te Deum

Georg Friedrich Händels Oratorium *Der Messias* war für Vincenzo Righini kein unbekanntes Werk. Kaum hat er sein *Te Deum* mit übereinander getürmtem Dreiklang eröffnet, dringt - geschickt zitiert - ein Stückchen des berühmten *Halleluja* ans Ohr. Auch im letzten Satz, wird aus dem *Messias* zitiert. Righinis Te Deum ist keine Kirchenmusik. Es ist religiöse Musik für den Konzertsaal, die aus einem weltlichen Anlass geschrieben wurde: Gefeiert werden sollte die Rückkehr am 23. Dezember 1810 des geflüchteten Königspaares. Die Uraufführung war am 13. März 1810 im weißen Saal des königlichen Schlosses, und zwar Zur *Nachfeyer des Geburtsfestes der Königin*. Der mächtige Aufführungsapparat - 300 Choristen, 172 Instrumentalisten - ist schon ein Vorgeschmack auf die späteren Musikfeste in Deutschland, mit Riesenchören und gewaltig besetzten Orchestern. Überraschend ist, dass Carl Friedrich Zelter die Massen anführte. Möglicherweise verhinderte Krankheit, dass Righini dirigierte. Wenig später wird das Werk im Saal des Königlichen Opernhauses wiederholt. Der Rezensent der Allgemeinen Musikalischen Zeitung bedauert: *„Die Ausführung gelang im Ganzen und im Einzelnen, die Wirkung war nach Wunsch, obgleich der Raum nicht erlaubte, das damals so große Personal von* [Instrumentalisten] *und Sängern auch diesmal zu gebrauchen."* Es sang die Berliner *Singacademie* die „nur" *über 80 Mitglieder für den Sopran, über 30 für den Alt, an die 50 für den Tenor, und über 50 für den Bass hat. Die Violinen führte Hr.*

Concertmeister Haake an. Außer ihm waren 28 Violinen; übrigens 19 Bratschen, 10 Violoncells, 5 Contrabässe, 4 Flöten, 5 Oboen, 4 Fagotte, 6 Hörner, 4 Clarinetten, 3 Posaunen, 4 Trompeten, 2 Pauken.

Righini geizt auch in diesem Werk nicht mit Effekten. So folgen im ersten Satz den Sanctus-Anrufungen Paukensoli von erschütternder Wirkung. Auch das melodiöse Element kommt nicht zu kurz. Es hatte seine Richtigkeit, dass die Altkanzone *Te ergo quaesumus* sich rasch verbreitete. Ein andere, sehr eindringlich wirkende Überraschung: Die Klangballungen werden von a cappella-Sätzen unterbrochen.

Einen Eindruck von diesem Werk, leider klingt die Aufnahme etwas dumpf, vermittelt eine CD-Produktion: CD 313 052 G1; Koch Schwann, Austria, 1983. Sie kann im Handel noch bestellt werden.

Sätze zum Requiem

„Leider erfahren wir aus keiner Quelle, warum mit dem Anfang des Introitus und einem Teil der Communio nur Ausschnitte des Totenmesse-Textes vertont sind", merkt Konrad-Jürgen Kleinicke in seiner Dissertation über Righinis kirchenmusikalisches Schaffen (1984) an. Das Werk wurde für Königin Luise geschrieben, die 19. Juli 1810. starb. Righini ließ hier allen Prunk und orchestralen Glanz beiseite. Die Sätze sind vierstimmig a cappella. Zahlreiche Veränderungen und Anläufe im Manuskript zeigen, wie der kranke Komponist um Ausdruck rang.

Kirchenwerke

I Echte Werke:
1. Messe d-Moll (Krönungsmesse)
2. Te Deum (Berliner Te Deum)
3. Sätze zum Requiem

II. Vermutlich echte Werke:
1. Te Deum (Dresdener Te Deum)
2. Te Deum laudamus
3. Laudate Dominum
4. Salve Regina
5. Nos orantes
6. Lobet den Herrn, ihr Heiden
7. Domine, salvum fac
8. De profundis

(nach Konrad-Jürgen Kleinicke)

Revueoper oder Oratorium

Ein Stück mehrfach verwenden ist nichts Ehrenrühriges für den Komponisten und dem Publikum eine Freude. Das Wiedererkennen von Musik ist beliebt. Heute zehrt eine ganze Industrie davon. Die Ouvertüre von *Alcide al bivio* setzte Righini vor die, schon 1782 entstandene, *Armida* und sie wurde später auch für die Oper *Enea al lazio* verwendet. Wer sich dabei an Gioachino Rossini erinnert fühlt, liegt kurioser Weise zweifach richtig. Denn nach einer feierlichen Einleitung in d-Moll, mit eingeschobenem Marsch, erklingt ein kleines Motiv, das später auch beim Schwan von Pesaro mehrfach auftaucht. Entzückt von dem Einfall lässt Righini dieses kleine Etwas immer wieder in anderen Orchesterfarben und Verarbeitungen aufleuchten.

Die Handlung der Oper, die Righini für sein bestes Werk hielt, ist ein Nichts und stammt aus der Libretto-Fabrik von Pietro Metastasio (1698 - 1782). Der gebürtige Römer, seit 1730 als hochgeschätzter *Poeta Cesareo* am Wiener Kaiserhof, ist eine Gestalt aus dem Buch der Rekorde. Mit 14 Jahren schrieb er seine erste Tragödie, mit 17 erhielt er die niederen Weihen und konnte sich fortan Abate nennen. Der hochbegabte Jugendliche fiel renommierten Komponisten auf und die sorgten für einen kometengleichen Aufstieg des jungen Mannes. Seine Libretti wurden mehr als tausend Mal vertont. Einzelne Texte sind Grundlage für bis zu 70 Opern. Die Musikalität seiner Sprache inspirierte einen Nicola Porpora (1686 - 1768) ebenso wie einen Mozart. Die Handlung ist meist auf zwei Liebespaare reduziert, wenige Randfiguren und ein Spinnengewebe aus Intrigen. Irgendwie gibt es dann durch einen Gott oder guten Freund ein glückliches Ende. In *Alcide* (Herkules) wich Metastasio etwas von diesem Schema ab. Ursprünglich wurde das Libretto für Johann Adolf Hasse (1699 - 1783) verfasst. Das als *festa teatrale* zur Hochzeit von Erzherzog Josef mit der Prinzessin Isabella von Bourbon. Am 8. Oktober 1760 kam Hasses *Alcide al bivio* im Redoutensaal der Wiener Hofburg auf die Bühne. Der wurde *Alcide* mehrfach vertont.

Alcide und sein väterlicher Freund Fronimo sind in einem dunklen Wald. Zeus, der Vater von Herkules wünscht, dass der Sohn seinen Lebensweg ohne fremde Hilfe finden soll, erklärt Fronimo. Zwei Straßen sind zu sehen. Eine ist mit Blumen umstanden, die andere ein beschwerlicher, steiniger Weg. Fronimo ermahnt und geht ab. Was folgt ist musikalisch interessant. Es zeigt, dass Righini auf dem Stand der Dinge gewesen ist. Einem Rezitativ mit aufgeregten Streichern folgt eine kurze Bläserserenade (Larghetto). Sie leitet die zweiteilige Arie ein. In einem von Bläsern umschmeichelten Gebet gewinnt Herkules Klarheit.

Dem Schwanken und Zagen folgt Wagemut. Aus dem Larghetto wird ein Allegro assai, das mit schmissiger, Fanfare endet. Righinis Streben zur geschlossenen Szene. Es folgt ein Oboenkonzertchen, das ins Reich der Edonide führt. Die Göttin des Lebensgenusses will, umspielt von der Oboe, den Helden für ihr unbeschwertes Reich der Heiterkeit betören.

Wer Göttin Edonide in einem mythologischen Wörterbuch sucht, wird sie nicht finden. Auch die später auftauchende Göttin

Aretea ist, wie der Erzieher Fronimo, eine Erfindung des Librettisten.

Pietro Metastasio kannte sich in den göttlichen Gefilden des Olymps vorzüglich aus und konnte so seine eigenen Olympier erfinden, Vorhandenes umgestalten und Prototypen entwickeln. Der Göttinnenname Edonide wurde aus dem griechischen Wort edone (das Wort Hedonismus stammt daher) gestaltet und Aretea hat ihren Namen vom ebenfalls griechischen arete. Es meint Tüchtigkeit und die Tauglichkeit der Seele zur Weisheit.

Unser Held Herkules lauscht währenddessen noch unschlüssig den verlockenden Tönen von Edonides Begleitern. Da erscheint Aretea, vor der Edonide flüchten möchte. Herkules hält sie zurück und beide hören nun, was Aretea von Arbeit und Tüchtigkeit zu singen hat. Die Göttin endet damit, dass Ruhm und Ehre der Mühe Lohn sind. Beide Göttinen entschwinden.

Fronimo tritt auf und will zu schnellerer Entscheidung antreiben. Da tauchen aus dem Nichts Ungeheuer auf, die natürlich von Herkules erlegt werden. Damit hat der jugendliche Held schon seine Entscheidung gefällt. Er findet sich, ohne größeren Übergang, im Tempel des Ruhms wieder. Auch Edonide hält sich hier auf, was den Herkules staunen lässt. Aretea erklärt, dass zum mühevollen und pflichtbewussten Leben auch das himmlische Geschenk der Freude unabdingbar gehöre. Im Originallibretto von Metastasio ist das Ende von etwas härterer Gangart. Bei seinem unfreundlicheren Schluss erscheint Iris auf einem Regenbogen und lässt Edonide untergehen. Hernach besingt sie als Göttin des

Friedens die Tapferkeit und den Sieg des Alcide. Righini ließ das mit Hilfe des Umdichters Verazi weg.

Righinis Musik zum *lieto fine*, dem glücklichen Ende, bestätigt was Ferdinand Simon Gaßner (1798 - 1851) meint wenn er sagt, dass der Komponist *eigentlich keine Opern, sondern Concert-Musik* geschrieben habe. Auch die ehrenwerten Ehrenbreitsteiner Kanzlisten sind nicht völlig im Unrecht, wenn sie *Alcide al bivio* als Kantate oder Oratorium bezeichnen. Möglicherweise dachte der Komponist tatsächlich an ein szenisches Oratorium.

In Wien jedenfalls, gab es *Alcide al bivio* mit einem handwerksmäßigen Oratorienschluss. Eine Fuge, die im Unisono der Vokalisten mündet. Das Stück ist bezeichnenderweise auch nicht Finale oder Coro [beides meint dasselbe, nicht nur in frühen Opern] genannt, sondern *Corale*.

Für und in Berlin war solches Denken und Schreiben falsch. Das Publikum wollte ein Gebräu aus Erbauung und Abenteuer. Und gerade das Gepränge der dort geschriebenen Werke wird den heutigen Opernfreund mehr als nur irritieren. Es sind Schaugeschichten, die er mit dem Hofpoet Antonio de' Filistri da Caramondani zusammenstellte. Besonders bei den Berliner Opern wird Gassners Einschätzung befremden: *„Seine Compositionen gehören ihrem Charakter nach, mehr der deutschen als der italienischen Schule an; kein Italiener hat so wie er den gediegenen Ernst und die Harmoniefülle der Deutschen mit dem Flusse der italienischen Melodie vereinigt; keiner steht Mozart, seinem Vorbild, so nahe wie er; keiner besitzt diese*

Solidität und Gründlichkeit der Ausführung."

Righini ist, trotz seiner Bühnenwerke, kein wirklicher Theatermensch gewesen. Der Sinn für zugespitzte, dramatische Situationen und für das musikalische Darstellen seelischer Konflikte war bei ihm nur wenig entwickelt. Das widerspricht nicht dem Umstand, dass er durchaus für vordergründige Effekte aufgeschlossen war. Das Wissen um mögliche szenische Schwächen schien in bewogen zu haben konzertante Aufführungen seiner Opern den szenischen Darbietung vorzuziehen. Auffallend ist, dass er seine beiden Frühwerke auf Sujets von Carlo Goldoni (1707 - 1793), *La vedova scaltra* und *La Bottega del Cafè,* später nicht wieder hervorholte und aufführte, wie er das mit anderen Werken tat. War ihm der flinke. volkstümliche Witz des venezianischen Komödianten fremd?

Zeitweise arbeiteten Righini und sein Librettist Filistri auch mit dem Trick, durch unterschiedliche Aktionen über mangelnde Dramaturgie hinweg täuschen zu wollen. Beispielsweise gibt es in *Gerusalemme liberata* und in *La selva incantata* eine Reihe bunter Nationaltänze, die das Werk zu einer Art "Revueoper" machen. Dabei ist nicht zu verhehlen, dass die Ballettmusik Righinis von nicht geringem Niveau ist. Durchaus möglich, dass Filistri und Righini im Sinn hatten. Etwas wie ein *Drama med sång,* wie es der gleichaltrige, geniale *Joseph Martin Kraus* (1756 - 1792) für Stockholm mit seinem *Soliman II.* schuf; ein Genre, das aus Musik, Ballett und Dialogen besteht. Kraus stammte aus Mildenberg im Odenwald, ging nach Schweden und war dort

Kapellmeister von König Gustav III.

Bei dem Wunsch, seinen Opern mehr Farbigkeit zu geben, ging Righini Kompromisse ein, die er anschließend selbst bereute. Zu einer Aufführung von *Atalante e Meleagro* in Berlin heißt es in einem Bericht sehr klar und streng: *„Righini bezeichnete sehr deutlich mit unwilligen Geberden und durch Unterbrechung im Dirigieren, so bald ein Tanzstück anhub, dass dies nicht von seiner Komposition sey. Aber warum litt er den Unfug, dass ein solcher Balletmeister ihm sein Werk mit seiner Kraut- und Rübenmusik verunstaltete?"*

Filistri und Righini nannten ihre Schöpfung konsequenter Weise nicht Oper sondern *festa teatrale*. In der unfreundlichen Besprechung mag auch ein Seitenhieb gegen den berühmten Choreographen und Tänzer Salvatore Viganò (1769 - 1821) stecken. Der Neapolitaner hatte neben Tanz auch Musik studiert. Das bei seinem Onkel, der immerhin Luigi Boccherini (1745 - 1805) hieß. Viganò klatschte sich zeitweilig die Musik für seine Ballette selbst zusammen. Große Scheu vor den Werken anderer suchte in dabei nicht heim. Mit einiger Gewissheit kann gesagt werden, dass des Tänzers Hang zu großem Gepränge auch Einfluss auf das Gespann Righini-Filistri hatte. In der Saison 1796/1797 gastierte Salvatore Viganò mit seiner Frau Maria Medina, einer gebürtigen Spanierin, in Berlin. Maria Medina machte Furore nicht alleine wegen ihrer tänzerischen Meisterschaft. Sie wagte es, in einem fleischfarbenen Trikot aufzutreten. Über Viganò an seiner Heimatbühne in Mailand berichtet Stendhal: *„Ich habe nur drei oder* *vier Ballette von Viganò gesehen. Er besitzt eine Phantasie in der Art von Shakespeare, dessen Größe er wahrscheinlich gar nicht erfasst. hat; er besitzt das Genie eines Malers und es ist auch ein musikalisches Genie."* Zudem ist den Berlinern neu gewesen, dass in eine Oper ein Handlungsballett eingefügt wurde.

Schon zu seinen Lebzeiten scheinen Righinis Opern nicht sonderlich verbreitet gewesen zu sein. Dem größten Teil des Publikums waren offensichtlich nur Ausschnitte der Werke bekannt. Der geforderte technische Aufwand mag sich negativ auf die Verbreitung ausgewirkt haben. Beim Erscheinen der Klavierauszüge von *Armida*, *Gerusalemme liberata* und *La selva intantata* stand in der Allgemeinen Musikalischen Zeitung im Jahre 1805 eine Besprechung: *„Des Herren Kapellmeisters Righini große Opern, Lieblingswerke denen, die einen schönen, ausdrucksvollen, echt italienischen Gesang, möglichst mit deutscher Kunst und Kraft verbunden, achten und lieben, werden, wie nun einmal jetzt unsere Operntheater und deren Verhältnisse sind, nur beym Berliner Karneval, und auch da nur selten gehört, abgerechnet, daß vorzügliche Sänger ihre Konzerte zuweilen mit einzelnen Stücken aus diesen Werken bereichern und ausschmücken."*

Was von Righinis Werk überschaubar ist, gibt einer Stimme aus dem Jahre 1802 recht: *„Was er giebt, liegt in der Kehle und kann bey Fleiss auf das netteste herausgebracht werden. Vermag dies eine Sängerin oder ein Sänger, so werden sie nicht nur sehr wohlgefallen durch den Vortrag... sondern damit* *auch glänzen können."* Anders gesagt, im Einerlei gängiger Arien-Abende wäre ein Solostück oder ein Ensemble von Righini eine erfrischende Brise. Denn Mozart hatte Unrecht als er in einem Brief an seinen Vater den italienischen Kollegen herabsetzt: *„Der schreibt recht hübsch. Er ist nicht ungründlich; aber ein großer Dieb. Er gibt seine gestohlenen Sachen aber so mit Ueberfluß wieder öffentlich preis, und in so ungeheuerer Menge, daß es die Leute kaum verdauen können."*

Das Tänzerehepaar Viganò. Stich von Hofbildhauer Johann Gottfried Schadow.

Bühnen-Werke:

1766
Convitato di pietra ossia Il dissoluto punito (Nunziato Ponta), Dramma tragicomico; 1777 (Wien) - deutsch als Das steinerne Gastmahl oder der Ruchlose

1778
La vedova scaltra (Carlo Goldoni), Dramma giocoso

1778
La bottega del Cafè (Carlo Goldoni), Commedia giocosa

1782
Armida (Marco Coltellini), Dramma (1799 in Berlin neue Fassung, Libretto Antonio de' Filistri da Caramondani

1785
L'Incontro inaspettato (Nunziato Porta), Dramma giocoso

1786
Demogorgone ovvero Il filosofo confuso (Nunziato Porta), Opera buffa

1788
Antigono (Marco Coltellini), Dramma serio

1790
Alcide al bivio (Pietro Metastasio, Mattia Verazzi), Azione teatrale

1793
Enea nel Lazio (Antonio de' Filistri da Caramondani), Dramma eroi-tragico

1793
Il Trionfo d'Arianna
1797
Atalante e Meleagro (Antonio de' Filistri da Caramondani), Festa teatrale
1800
Tigrane (Tigiranes), Dramma eroi-tragico
1803
La Gerusalemme liberata (Antonio Filistri de Caramondani); deutsch als Das befreite Jerusalem oder Armida im Lager der Franken
1803
La selva incantata (Antonio Filistri de Caramondani)

Kantaten und Ballett:

1780
La sorpresa amorosa
1780
Il natal d'Apollo
1801
Minerva belebt die Statuen des Daedalus, pantomimi [Ballett]

Ersichtlich ist aus dem Ablaufplan für Il natal d'Apollo vom 5. Mai 1788, dass Direttore il Sign. Vincenzo Righini eine goldene Tabakdose sowie 40 Louisdor erhielt.

(Staatsarchiv Koblenz)

Lieder, Sammler und Liebhaber

„*Für alle Hälse bequeme Melodien*" wollte bereits Georg Philipp Telemann (1681 - 1767) mit seinen Vierundzwanzig Oden (1741) schaffen. Auch seine späterer Kollege Vincenzo Righini hatte das bei den meisten seiner Lieder im Kopf. Es waren Stücke, die von nichtprofessionellen Sängerinnen und Sängern - allerdings nach einigen Stimmübungen - gesungen werden konnten. Die Lieder sollten möglichst vielen zugänglich sein. Deshalb wird von den Gesangsstimmen kein sonderlich großer Umfang oder Virtuoses gefordert. Die berühmten Ausnahmen bestätigen auch hier Regeln. Eine ausgefeiltere, Text ausdeutende Klavierbegleitung ist in der Zeit Righinis nicht üblich. Gebrochene Akkorde, kleine Läufe und Achtelfiguren reichten fürs Beleben der Gesangslinie. Etwas ausgefeilter und somit komplizierter sind die Klavierstimmen für Arietten und Romanzen. Diese Stücke rechnen mit der Aufführung durch professionelle Musiker im intimen Rahmen von Salons. Auch sind hier die Gesangsstimmen anspruchsvoller.

Die schlichte Klavierbegleitung der Lieder bot zudem die Möglichkeit, dass sie mit ein paar Kniffen in eine Gitarrestimme umgewandelt werden konnte. Gerade in der Besetzung Gesang und Gitarre fanden Righinis Lieder weite Verbreitung. Das aus Italien importierte Modeinstrument fand in der Zeit um 1800 in Deutschland viele Liebhaber.

Ein vortreffliches Beispiel dafür und für die Musikliebhabe-

rei zu Beginn des 19. Jahrhunderts wird in Eutin (Kreisbibliothek; Mikrofilm: Deutsches Musikwissenschaftliches Archiv, Kassel) aufbewahrt. Major Philipp Ferdinand von Flotow (1792 - 1835) legte sich um 1815 eine Sammlung mit 240 Kompositionen zu. Überwiegend handelt es sich um Lieder, Arietten, kleine Opernausschnitte und ähnliches. Himmele, Mozart und Danzi sind zu finden. Darunter sind neun Gesangsstücke von Righini. Offensichtlich transkribierte der Major die Klavierstimmen für seine Gitarre selbst; denn eigene, bescheidene Kompositionsversuche für sein Instrument sind ebenfalls in der Kollektion. Eine kleine Geschichte berichtet davon, wie solche Sammlungen zustande kamen. Philipp Ferdinand von Flotow war der Onkel des Komponisten Friedrich Freiherr von Flotow (1812 - 1883), wie Christina Freifrau von Flotow dem Autor am 20. März 2002 brieflich mitteilte. Zur Musikpflege in ihrer Familie zitierte sie noch aus einem Brief der Großeltern des Komponisten. Gerichtet ist er an den ältesten Sohn, der in Göttingen studierte: *"Von Allen grüße ich Dich, auch von Reimers, der in Dir den Virtuosen, das Handwerk, grüßt. Bringe nur Musicalien mit, damit ihr zusammen was machen könnt. Einfaches Accompagnement des Forte-piano hast Du immer, und ich ein schönes Instrument; und zu kleineren Concerten mache ich zuweilen Anstalten."*
Das Genie Friedrich von Flotows kam also nicht von ungefähr.

Hier eine Probe aus der Flotowschen Sammlung in Transkription. Das Original litt durch die Zeitläufe und taugt schlecht für eine Reproduktion.

FRÜHLINGSLIED

ARIEN, ROMANZEN, LIEDER UND DERGLEICHEN

opus 2; 12 Arietten 1791 mit Begleitung des Pianoforte oder der Harfe
opus 5; 6 Lieder
opus 7; 12 Arietten, deutsch und italienisch
opus 9; Deutsche Lieder
opus 10; Exercices pour se perfectionner dans l'art du chant, deutsch als Übungen um sich in der Kunst des Gesangs zu vervollkommnen, op. 10
opus 11; 6 Lieder mit Begleitung des Pianoforte
opus 12; 6 Romances
In einer Besprechung beim Erscheinen von Opus 11 und 12 heißt es: „*Dies sind zwey neuesten Sammlungen Righinischer Lieder, die bey den Vorzügen der frühern, italienischen oder deutschen, auch noch die besitzen, daß die Texte sorgfältiger gewählt, mannichfaltiger behandelt, und einige der vorzüglichsten darunter, bey aller Anspruchslosigkeit und Simplicität, auch Muster einer kunstreichen Ausführung sind.*"
opus 13; Six Romances pour le Pianoforte avec accompagnation de Violon.
Dazu in der Allgemeinen musikalischen Zeitung, 1807: "*Herr Kapellmeister Righini hat diese Texte wie ein Komponist von Einsicht, Gefühl und Geschmack behandelt; und*

ohngeachtet er die Gattung der eigentlichen französischen Romanze nicht genau gehalten, sondern sie mehr der italienischen Ariette genähert hat, doch auch dem Text überall gehörig sein Recht widerfahren lassen wollen."
Auswahl von Maurer-Gesängen mit Melodien der vorzüglichsten Comp. in zwey Abtheilungen getheilt, gesammelt v. F. (sic) M. Böheim, Bln. 1798.
Der Schauspieler *Joseph Michael Böheim* (?1750 - 1811) trug 202 Kompositionen zusammen, die nicht alle freimaurerische Tendenz haben. Die Lieder stammen von Böheims Zeitgenossen. Neben Righini sind auch Sterkel und Himmel vertreten. Reichardt soll Freimaurer gewesen sein. Er ist ebenfalls in der Kollektion. Dazu Mozart und Joseph Haydn, die bekanntesten Musiker der Bruderschaft.

Verschiedene Instrumentalwerke:

Konzert für Flöte und Orchester, G-Dur; 1802:
Neu: *Faksimile-Ausgabe der Partitur mit Stimmen: Firenze; Studio per Edizione Scelte (Archivium musicum: Flauto traversiere; 29)*
Serenade für 2 Klarinetten, 2 Hörner und 2 Fagotte
Dasselbe als Sonate für Klavier, Violine und Violoncello
Sonata facile, Klavier
2 Danses russes, Klavier

Magdalene Schick (1768 - 1809)
Primadonna in Mainz, Frankfurt und Berlin.

DER SINGEMEISTER

In keiner Weise verraten die *Exercices pour se perfectionner dans l'art du chant,* geschrieben 1803 für die preußische Königin Luise, die Geheimnisse des Gesangpädagogen Vincenzo Righini. Auch der Begleitbrief, mit dem Righini seine Arbeit an die Auftraggeberin schickte, sagt dazu nichts. Der Komponist merkt nur an, er habe wunschgemäß die Gesangstimme in den Violine und den Sopranschlüssel kopieren lassen. Es sind zwölf, melodisch hübsche Stücke, die sich im Aufbau ähneln. Im ersten Takt stehen in großen Notenwerten Dreiklangsbrechungen, dann folgt allerlei Rankenwerk. Von diesem System wird nur in Nummer sieben abgewichen. Hier steht ein Oktavsprung nach oben. Das Tasteninstrument spielt die Gesangslinie mit, die Begleitung ist als bezifferter Bass gesetzt. Bedauerlicherweise hinterließ Righini keine theoretische Abhandlung über seine sängerischen Erkenntnisse und seinen Unterricht. Schreibfaul waren auch seine Eleven.

Es ist ein Gemeinplatz, was Giuseppe Verdi 1871 äußerte: „Der Studiengang umfasse: Übungen im Ansatz, sehr langes Solfeggienstudium, Stimm- und Sprechübungen mit klarer, deutlicher Aussprache. Wenn das Organ geübt und geschmeidig ist, einfach singen, wie es das Gefühl eingibt." Und weil es ein Gemeinplatz über lange Zeit ist, lässt er sich für Righini beanspruchen. Aber wie er seine Schülerinnen und Schüler zu diesem Ziel lenkte, ist nicht nachvollziehbar. Hier und da wurden sicher Elemente seines Wissens an Enkelschüler weitergereicht.

Legende berichtet: Wer Maestro Vincenzo Righini zum Gesanglehrer haben wollte, der musste tief in die Tasche greifen. Der noble Pädagoge ließ sich per Kutsche in die Wohnung seiner Schülerinnen und Schüler bringen. Die Honorare für seine begehrten Lektionen, waren von beträchtlicher Höhe. Wenn das stimmt, dann hat sich die Investition für manchen gelohnt. Denn viele seiner Schüler machten große Karrieren an guten Häusern. Aber das Unterrichten kann nicht immer mit hohen Geldforderungen verbunden gewesen sein kann. Einige, wie etwa Heinrich Stümer, hätten sich nie und nimmer Riesenhonorare leisten können. Weil wir an anderer Stelle schon sagten, dass ein Gesanglehrer vor allem durch seine Schüler weiterlebt, hier eine kleine Auswahl von Sängerinnen und Sängern, aus Righinis Schule. Künstler, die das musikalische Geschehen in Deutschland wesentlich mitprägten.

CHARLOTTE (Dorothee Marie) BÖHEIM (1782 - 1831), Tochter des Schauspielers Joseph Michael Böheim und der Schauspielerin Marianne Böheim-Wulfen erhielt ihren ersten Musikunterricht von ihrem Vater. 1796 übernahm sie am Berliner Hoftheater kleine Rollen. Hier nahm sie Vincenzo Righini unter seine Fittiche und bildete sie aus.

Nach einer ausgedehnten Kunstreise wurde sie in Stuttgart als Primadonna verpflichtet. Sie heiratete 1806 den Cellisten Graff. 1811 wandte sich das Ehepaar nach Frankfurt, wo Charlotte Böheim die großen Mozart-Partien gestaltete. 1818 zog sie sich von der Bühne zurück.

FRIEDRICH KARL GOLLMICK (1774 - 1852) begann, nach der stimmlichen Ausbildung, seine Theaterlaufbahn als Chorist in Berlin. Über Dessau kam er nach Hamburg. Bald galt er als bester lyrischer Tenor Deutschlands. Gollmick bewährte sich auch als Regisseur. In Kolmar gründete er sein eigenes Theater und verlor dabei sein Vermögen. Weil auch seine Stimme nachgelassen hatte, arbeitete er als Gesanglehrer und als Korrepetitor. Seine letzten 14 Lebensjahre verbrachte der schwer kranke Künstler bei seinem Sohn in Frankfurt am Main.

MARIA THERESIA VON PARADIS (1759 - 1824) ist sicher die schillerndste Gestalt im Reigen der Righini Schülerinnen. Sie hatte bei ihm von 1780 bis etwa 1783 Lektionen. Die vielseitig Gebildete war als Sängerin, Komponisten und Pianisten tätig. Außerdem ist Maria Theresia von Paradis Schriftstellerin und Übersetzerin gewesen. Mozart schrieb für sie das Klavierkonzert KV 456. In Wien gründete sie eine Klavierschule für junge Mädchen. Maria Theresia von Paradis war in früher Kindheit erblindet und benutzte beim Komponieren ein speziell für sie entwickeltes Notationsverfahren.

In diesem Reigen darf Amalie Beer (1767 - 1854), die Mutter des Opernkomponisten Gioacomo Meyerbeer (1791 - 1864), nicht fehlen. Sie hatte bei Righini außer Gesang auch Musiktheorie studiert. Für den Komponisten war seine Mutter die musikalische Instanz als solche. Ihre Briefe erinnern an jene einer anderen, bedeutsamen Mutter: Amalie Goethe, genannt Frau Aja.

Von MARGARETHE SCHICK-HAMELN ist schon mehrfach die Rede gewesen. Ihre Tochter JULIE (1790? - ?) wurde ebenfalls von Righini ausgebildet. In Berlin sang sie unter anderem das *Blondchen* in Mozarts *Entführung aus dem Serail* und den *Amor* in Glucks *Orfeo*. 1811 heiratete sie den preußischen Landrat von Schätzel und verzichtete auf eine weitere Opernkarriere. Später unterrichtete sie. Eine ihrer Schülerinnen war ihre Tochter. PAULINE VON

SCHÄTZEL (1812 - 1882) debütierte 1828 als *Agathe* im *Freischütz* (Carl Maria von Weber). Obgleich umjubelt, nahm sie nach vier Jahren, mit der *Rosina* in *Il barbiere di Siviglia* von Gioachino Rossini, Abschied von der Oper. Die Enkelschülerin von Righini heiratete Rudolf von Decker und war nur noch gelegentlich in Konzerten zu hören. Mit einer denkwürdigen Veranstaltung, ging sie in die deutsche Musikgeschichte ein. Davon später; denn ein anderer Schüler Righinis ist ebenfalls maßgeblich beteiligt gewesen: HEINRICH STÜMER (1789 - 1856). Er musste um seine Ausbildung kämpfen. Der Vater, ein Dorfschullehrer, wollte auf keinen Fall, dass sein Sohn ein verlotterter Bühnenmensch werde. Schließlich konnte sich der junge Mann mit Unterstützung einflußreicher Fürsprecher durchsetzen. Righini vermittelte ihm jene Kenntnisse und Fertigkeiten, die ein *Belmonte (Entführung aus dem Serail)*, ein *Graf Almaviva (Il barbiere di Siviglia)* und ein *Tamino (Die Zauberflöte)* benötigt. Heinrich Stümers Name ist bis heute untrennbar mit drei epochemachenden Ereignissen verbunden. Am 18. Juni 1821 sang er den *Max* in der Uraufführung des *Freischütz* von Carl Maria von Weber (1786 - 1826). Weil die Oper Sensation machte, veröffentlichte ein anonymer Kritiker gleich vier Besprechungen - 21., 26., und 28. Juni sowie am 7. Juli 1821 - in der Vossischen Zeitung. Es heißt darin: *„Die Aufführung auf unserer Bühne... gelingt so vorzüglich, daß wir nur die Namen Seidler, Eunicke, Blume und Stümer nennen wollen, um allen gemeinschaftlich einen großen Dank zu bringen."* Max Maria von Weber, der Sohn des Komponisten, über die Uraufführung: *„Die Scene verdüsterte sich und die Aufmerksamkeit des Publikums war bei der Scene des Max: „Nein, länger trag ich nicht die Qualen", auf so hohen Grad gesteigert, daß das schöne Arioso: „Durch die Wälder, durch die Auen" trotz Stümer's echt künstlerischem und doch so einfachem Vortrage, in der allgemeinen Spannung fast spurlos vorüberging."*

Auch als in Berlin 1828 zum ersten Mal *Oberon* von Weber gegeben wurde, sang Stümer. Er hatte die Partie des *Hüon* übernommen. Damit schließt sich fast ein Kreis. Denn die Mutter von Carl Maria von Weber, GENOVEFA BRENNER (1764 - 1798) war in Wien Schülerin von Righini. Es gibt noch die Quittung über die *Extraausgaben* des Hofes für ihren Unterricht: *„Dem Righini Vincenzo, Singemeister, für 6-monatigen Unterricht der Prenerin* [Brenner] *im singen 100."* Vielleicht begegnete sie bei ihrem Lehrer JOSEPHA WEBER, der sie Jahre später, durch ihre Heirat, eine entfernte Verwandte wurde.

Doch nun zu jener Begebenheit, die das musikalische Berlin des frühen 19. Jahrhunderts aufwühlte. Nicht nur das: Ein Konzert ließ den vergessenen Komponisten Johann Sebastian Bach (1685 - 1750) samt seiner - mittlerweile unbekannten - *Matthäuspassion* zur Sensation werden. Ein junger Mann von gerade 20 Jahren mit Namen Felix Mendelssohn Bartholdy (1809 - 1847) hatte sich in den Kopf gesetzt, diese verschollene Musik ins Heute zu holen. Dazu brauchte es Verbündete, die mit ihren guten Namen für das Wagnis einstanden. Zu diesen Verbündeten gehörten

Righinis Enkelschülerin Pauline von Schätzel, sie sang die Sopranpartie, und Heinrich Stümer (Evangelist). Die Sänger hatten auf Honorare und selbst auf Freikarten verzichtet. Keiner konnte vorhersehen, *dass den Tag nach der ersten Ankündigung des Concerts alle Billets vergriffen waren und in den letzten Tagen über tausend Menschen zurückgehen mussten.* Wenig später konnte Mendelssohn in einem Brief schreiben: „*Die Passion ist auf Begehren bereits zum zweitenmale aufgeführt."* Die beiden Aufführungen am 11. und am 21. März leitete Mendelssohn selbst. Am 17. April, einem Karfreitag, wird auf allgemeinen Wunsch die *Matthäuspassion* ein drittes Mal gegeben. Mendelssohn ist unterwegs nach England, sein Lehrer Carl Friedrich Zelter (1758 - 1832) übernimmt die Leitung und scheitert. Mendelssohns Schwester Fanny (1805 - 1847) berichtet darüber an einen gemeinsamen Freund und staunt über den Tenor: „*Stümer ward ganz weich und sagte es muß Ihnen doch heut komisch zu Muth gewesen sein. Dafür machte ich ihm die größten Complimente, denn er war wirklich zum Bewundern, da Zelter so oft falsch begleitete, so ganz andere Harmonien, daß ich nicht begreife, wie er sich hat halten können."* Als Mendelssohn Bartholdy in der Saison 1837/1838 sein erstes „*historisches Konzert"* in Leipzig gab, stand auf dem Programm auch Musik von Vincenzo Righini.

LITERATUR (AUSWAHL)

Angermüller, Rudolph und Ofner, Rudolf, *Aspekte Salierischer Kirchenmusik*
(Internationalen Stiftung Mozarteum), 1973
Bacher, Otto, *Die Geschichte der Frankfurter Oper im 18. Jahrhundert,*
Frankfurt, 1926
Braunbehrens, Volkmar, *Salieri - Ein Musiker im Schatten Mozarts?,*
München 1989
Bereths, Gustav, *Die Musikpflege am kurtrierischen Hofe zu Koblenz-Ehrenbreitstein* Mainz, 1964
Burney, Charles, *Tagebuch einer musikalischen Reise,*
Wilhelmshaven 1980
Celletti, Rodolfo, *Geschichte des Belcanto,* Kassel, 1989
Einstein, Alfred, *Mozart. Sein Charakter, sein Werk,* Kassel 1960
Eitner, Robert, *Biographisch-bibliographisches Quellenlexikon der Musiker und Musikgelehrten, Leipzig,* 1900 ff.
Fellerer, Karl Gustav, *Die Kirchenmusik W. A. Mozarts,* Regensburg 1995
Fischer-Dieskau, Dietrich, *Weil nicht alle Blütenträume reiften - Johann Friedrich Reichardt, Hofkapellmeister dreier Preußenkönige,* Stuttgart, 1992
Göpfert, Bernd, *Handbuch der Gesangskunst,* Wilhelmshaven, 1994
Goethe, Johann Wolfgang, *Italienische Reise,* München, 1925
Gaßner, Ferdinand Simon, *Universallexikon der Tonkunst,*
Stuttgart 1849
Gerber, Ernst Ludwig, *Neues Historisch-Biographisches Lexikon...,*
(Reprint) Graz 1966
Gottron, Adam, *Mainzer Musikgeschichte von 1500 - 1800,* Mainz, 1959
Kelly, Michael, *Reminicenses of the King's Theatre und the Theatre Royal Drury Lane,* London, 1826
Kleinicke, Konrad-Jürgen, *Das kirchenmusikalische Schaffen von Vincenzo Righini,*
Tutzingen 1984
Ledebur, Carl Freiherr von, *Tonkünstler Lexicon...,* Berlin 1861
Levezow, Konrad, *Leben und Kunst der Frau Margarete Luise Schick,* Berlin 1809

Mohr, Albert Richard, *Musikleben in Frankfurt am Main,*
Frankfurt 1976

Ortkemper, Hubert, *Engel wider Willen - Die Welt der Kastraten,*
Berlin, 1993

Ragossnig, Konrad, *Handbuch der Gitarre und Laute,* Mainz, 1978

Schlenke, Manfred, *Preussen - Politik, Kultur, Gesellschaft,*
Hamburg, 1986

Scurla, Herbert, *Rahel Varnhagen,* Berlin, 1978

Unverricht, Hubert, *Beziehungen zwischen der Bonner und der Mainzer Hofkapelle zur Amtszeit Righinis,* Köln, 1972

Weber, Max Maria von, *Ein Lebensbild,* Leipzig 1864

Weissweiler, Eva, *Fanny und Felix Mendelssohn, Briefwechsel 1821 bis 1846,*
Berlin 1997

Wurzbach, Constantin von, *Biographisches Lexicon des Kaiserthums Oestereich enthaltend die Lebensskizzen der denkwürdigen Personen...,* Wien, 1856 - 1891

Zimmermann, Reiner, *Giacomo Meierbeer,* Berlin, 1991

HINWEIS:
Die Korrespondenzen des Geheimkämmerers von der Ritz sind nach *Konrad-Jürgen Kleinicke* angeführt, beziehungsweise nach seinen Zitaten übersetzt.

ARCHIVE:
Kreisbibliothek Eutin
Staats- und Universitätsbibliothek, Hamburg
Deutsches Musikgeschichtliches Archiv, Kassel
Landesarchiv Rheinland-Pfalz, Koblenz
Staatsarchiv Würzburg

Inhaltsverzeichnis

Einstimmung 7
Sängerknabe, Tenor, Komponist 11
Berlin und wieder Bologna 49
Zum Werk 73
Kirchenmusikalisches 77
Revueoper oder Oratorium 91
Bühnen-Werke: 99
Kantaten und Ballett: 100
Lieder, Sammler und Liebhaber 103
Frühlingslied 105
Arien, Romanzen, Lieder und dergleichen 106
Verschiedene Instrumentalwerke: 107
Der Singemeister 109
Literatur (Auswahl) 117

Zu danken habe ich:
Regina Berlinghof, Hans-Georg Dechange, Hans Nietner

In Vorbereitung:

Ein Genie macht Urlaub

Vom gleichen Autor: Musikgeschichten zumeist aus dem Vordertaunus. Natürlich geht es in diesen Essays und biographischen Skizzen um Felix Mendelssohn Bartholdy. Aber nicht nur. Denn die Gegend, die manchem nur als Schönheitsfleck auf dem Antlitz der Metropole Frankfurt scheint, hat viel zu bieten. Da gab es einen Möchtegern-Komponisten ebenso wie einen erst gefeierten und dann verfemten Musikschriftsteller und Intendanten. Die Rede wird auch sein von Johannes Brahms, der in fortgeschrittenerem Alter verhaltene und ehrerbietige Briefe an eine junge reizende Sängerin schrieb.

Erscheint im Herbst 2002

Edition Notenschlüssel Band 2
Fuchstanz Verlag